英语写作教学反馈理论与实践研究

陆春霞　著

吉林大学出版社

·长春·

图书在版编目（CIP）数据

英语写作教学反馈理论与实践研究 / 陆春霞著 . --
长春 : 吉林大学出版社 , 2022.6
ISBN 978-7-5768-0582-6

Ⅰ . ①英… Ⅱ . ①陆… Ⅲ . ①英语 – 写作 – 教学研究
Ⅳ . ① H319.36

中国版本图书馆 CIP 数据核字 (2022) 第 173304 号

书　　名　英语写作教学反馈理论与实践研究
　　　　　YINGYU XIEZUO JIAOXUE FANKUI LILUN YU SHIJIAN YANJIU
作　　者　陆春霞　著
策划编辑　殷丽爽
责任编辑　殷丽爽
责任校对　周　鑫
装帧设计　李文文
出版发行　吉林大学出版社
社　　址　长春市人民大街 4059 号
邮政编码　130021
发行电话　0431-89580028/29/21
网　　址　http:/ / www. jlup. com. cn
电子邮箱　jldxcbs@ sina. com
印　　刷　天津和萱印刷有限公司
开　　本　787mm × 1092mm　1/16
印　　张　11.75
字　　数　200 千字
版　　次　2023 年 1 月　第 1 版
印　　次　2023 年 1 月　第 1 次
书　　号　ISBN 978-7-5768-0582-6
定　　价　72. 00 元

前　言

英语写作不仅有助于巩固读和听输入的语言材料，促使语言知识内化，提高语言运用的准确性，而且还能为提高口语能力打下坚实基础。写作的重要性毋庸置疑，但是相关调查发现，英语写作是学生五项技能中最薄弱的。制约英语写作教学效果的因素虽然涉及诸多方面，但评改反馈无疑是一个极其重要的因素，因为评改反馈一方面是评估学生过程性写作的重要载体，另一方面还在教学实践与教学效果之间起着桥梁的作用。有效的评改反馈能帮助学生激发写作兴趣，保持写作热情，提高写作能力，并促进写作教学效果的最大化。

众所周知，写作能力是语言能力发展中十分重要的一环，也是构建思辨能力的有机组成部分。随着教育理念的发展更新和“互联网 +”大数据时代的到来，现代教学中对多媒体和网络技术的运用日渐增多。大数据时代为大学英语写作教学提供了新的方式和资源，使写作教学可以不再局限于教材和课堂之中，也为学生写作能力的提升提供了契机。

本书第一章为英语教学概述与理论，分别介绍了英语教学概述、英语教学理论基础及英语教学现状分析三个方面的内容；本书第二章为英语写作教学实践，依次是英语写作教学概述、英语写作的影响因素、英语写作教学的方法、英语写作教学的实施策略、英语写作教学评价方法；本书第三章为英语写作教学中的教师反馈，分别介绍了三个方面的内容，依次是教师反馈概述、教师反馈在英语写作教学中的运用及教师反馈的作用与意义；本书第四章为英语写作教学中的同伴反馈，主要介绍了同伴反馈概述、同伴反馈在英语写作教学中的运用及同伴反馈的作用与意义三个方面的内容；本书第五章为大数据时代英语写作教学反馈的探索与创新，分别是大数据时代下的英语写作教学、大数据时代英语写作教学模式的改革、大数据时代英语写作教学反馈的新形式、大数据时代英语写作教学反馈的作用与意义四个方面的内容。

在撰写本书的过程中，作者得到了许多专家学者的帮助和指导，参考了大量的学术文献，在此表示真诚的感谢！本书内容系统全面，论述条理清晰、深入浅出。限于作者水平有限，加之时间仓促，本书难免存在一些疏漏，在此恳请同行专家和读者朋友批评指正！

作者

2021 年 12 月

目 录

第一章　英语教学概述与理论

英语原本就是使用率较高的一门外语，当前经济形势下，英语这一学科显得更加重要。本章将围绕英语教学概述、英语教学理论基础及英语教学现状分析展开论述。

第一节　英语教学概述

一、英语教学的基本内容

英语教学的内容对于学生综合素质的培养十分重要。一直以来，国家教育部门对英语教学的内容非常重视，并且不断在完善与发展。因此，将顺应时代潮流与英语教学发展的规律，对英语教学的基本内容进行梳理。

（一）语言知识

学习一门语言的基础在于学习语音、词汇、语法、语篇、功能等，这在英语学习中也不例外。学生学习英语的首要目的就是学习这些基础知识，它们是培养学生综合语言能力的重要保障。也就是说，学生要想熟练运用英语这门语言，首先应对语言知识有良好的把握。

（二）语言技能

除了学习语言知识，学生还需要学会英语的五项技能，即听、说、读、写、译。

（1）听力技能训练是为了培养学生识别话语含义能力及理解与分析能力。

（2）口语技能训练是为了培养学生口头输出已知信息、表达自身思想的能力。

（3）阅读技能训练是为了培养学生对语言内容的辨认与理解能力。

（4）写作技能训练是为了培养学生运用书面形式输出已知信息、表达自身思想的能力。

（5）翻译技能训练是为了培养学生的语言综合能力，具备语言信息的输入与输出能力。

听、说、读、写、译是学生所需具备的语言技能中综合运用能力的基础。通过这五项基础技能的训练，可以保障学生在具体的真实情景交际中做到游刃有余。

（三）文化意识

由于语言与文化有着密切的关系，因此，对语言的学习也离不开对文化的学习。语言教学一旦脱离文化教学，那么语言教学就会缺乏思想性与人文性。因此，英语教师在教授英语时，务必引导学生了解与所学语言相关的文化知识，比如西方国家的风土人情、历史文化、生活习惯等。

在具体的教学中，教师需要注意以下两方面内容。

（1）充分考虑学生现阶段的心理需求、认知能力与学习能力，循序渐进导入文化知识，以此培养文化意识，逐渐拓宽文化视野。

（2）在引导学生学习西方文化时，不能盲目地引入，并且要避免学生出现崇洋媚外的情况。

（四）学习策略

学习策略是指以拓宽知识面而制定计划，采取一定的方法和技能。下面所说的学习策略指的是学生为了学好语言知识所采取的方法和步骤。关于英语学习的策略有很多，如认知策略、元认知策略、资源管理策略及情感策略等。学生要找到适合自身的学习策略，才能更好地学习英语，进一步提升自身的英语综合能力。

具体而言，学习策略的意义表现为以下两方面。

（1）学生运用适合自身的学习策略有利于提升学习效率，养成良好的学习习惯。

（2）学生运用正确的学习策略有助于改进学习方式，减少学习中遇到的困难，即使遇到困难也会找到合适的解决方式，最终提升学习效果。

在英语教学中，教师应该引导学生发现和培养自身的学习策略，对自己的学习过程进行监控，一旦学生在学习中遇到问题，他们将能够调整自己的学习策略，尝试不同的策略，及时有效地解决问题。

二、英语教学的基本目标

（一）激发学习兴趣

英语课堂教学的基本目标中的首要目标便是激发学生学习英语的兴趣。全面激发学生对英语学习的兴趣，是进一步有效促进英语课堂教学的关键措施。

在英语课堂教学中，最为重要的方面就是积极促进学生对于英语知识内容的学习兴趣，进一步提升学生对于英语课堂教学的学习积极性，以此来进一步促进学生的英语学习意识与学习激情，从而夯实英语课堂教学的基础环节。因此，在英语课堂的教学过程中，英语教师要注重培养学生的兴趣。教师要言传身教，在教学过程中，要将自己对英语的热情、对英语知识的探索精神通过教学展现出来，从而启迪学生的心智，感染学生心灵；引导并组织学生多思考英语知识，从而开拓学生的眼界，提高学生对英语的感情认知和理解；引导学生将所学的英语知识和技巧充分运用到对英语问题的理解和分析中去，培养学生对英语的感受力、理解力和思维能力等，加快学生感性认知到理性认知的转变进程，从而夯实英语课堂的教学基础。

（二）培养学习能力

在英语课堂教学中，英语教师要注重培养学生对英语知识、对英语问题的解决能力，逐步提高学生的英语核心素养，以此促进英语课堂教学。教师要围绕学生英语学习能力的提高，拓宽学生的视野，创新教学内容，促进英语课堂教学内容与其他学科学习内容的有机融合与不断发展，将英语教育与艺术、文化等学科有机地结合起来，培养学生对英语的兴趣，提高学生的英语学习能力，激发学生对英语知识的理解，从而促进学生正确人生观、价值观的形成，以此确保学生的英语学习能力逐步提升。

（三）提升英语思维

在英语课堂教学过程中，教师要进一步端正教学态度，重视培养学生的英语思维。培养学生的英语思维和问题处理能力是教学的主要目标之一，在此过程中，英语教师要围绕英语基础知识等方面，加强对学生的培养，使学生能充分运用自己的感悟能力和思维能力来理解英语知识的逻辑，强化学生对英语问题的思考、记忆、理解、创新的能力，促进英语课堂教学的质量提升。

（四）培养多样化人才

对于英语教学而言，培养学生英语核心素养，进而培养出多样化人才是最为主要的。目前多样化人才的主要培养体系在学校中。对于英语课堂教学而言，其教学理念和人才培养目标是学校的根基，其对于英语课堂教学起到了积极的指导作用与促进作用。对于部分学校而言，其本身存在一定的不足，具体包括：第一，在软硬件设施部分存在不足；第二，在学生生源质量上存在一定的不足。对于此类学校而言，为了进一步促进英语课堂教学，需要进一步做好以下工作，具体包括：促进准确的教学定位；根据英语课堂教学的需求，推进英语课堂教学的发展；完善英语课堂教学体系；满足学生的英语学习需求。

随着时代的进一步发展，学生对于英语课堂教学的要求也进一步提高，在此背景下，积极做好以下工作：遵循时代的发展规律；顺应市场需求；开展英语实践课程；端正英语课堂教学的教学态度。

在当今英语课堂中，英语作为一门独立的学科，在一定程度上，具备一定的独特发展方向，想要进一步引导更多的学生成为优秀的英语人才，促进学生英语核心素养的逐步发展，则需要满足以下几个条件，具体包括：第一，与当今社会对英语的需求接轨；第二，紧跟时代步伐；第三，进一步侧重于培养创新的人才；第四，使学生符合社会需要；第五，进一步促进英语活动的开展。

在当今英语课堂教学中，需要进一步确立以下目标，具体包括：培养合格的英语人才；培养学生的英语核心素养；促进英语教学的逐步发展。随着对学生英语核心素养的不断探索，人才培养目标还需要在实践中不断完善，应始终以人才培养需求、学生发展为导向。对于学校而言，在英语学科教学中，需要进一步促进学生英语核心素养的逐步培养。培养学生对英语知识的认识，引导学生对英语问题的思考与探索的同时，更加注重学生英语精神的塑造，使其成为英语学习的积极引领者，逐步提升学生的英语思维能力与发展能力，以此进一步促进英语教育的逐步发展，培育学生的英语核心素养。

三、英语教学的评价标准

在英语教学评价抛开原有的终结性评价之外，提出了过程性英语课堂评价，该评价方法在英语教学期间的应用主要体现在课堂教学过程评价、课外学习过程评价、合作学习能力评价、综合能力评价等方面，并且在开展过程性英语课堂教学评价的过程中，应该严格地遵守其所具备的多样性原则、鼓励性原则、公正性原则、实效性原则和发展性原则等，在这些原则的基础上进一步将过程性评价与终结性评价相结合，在重视学生英语学习成绩的同时，也关注了其整个学习过程，以此来有效地优化英语课堂教学评价体系，确保学生的学习过程和学习结果的评价可以实现和谐统一，从而让英语评价能够更好地为英语教学提供服务。一般科学、全面、合理、创新的英语课堂评价标准应为以下几点。

（一）评价形式过程化

由于英语课堂教学是一个动态化的教学过程，所以在课堂教学过程中，应该将教学评价逐渐渗透至学生们学习的每一个过程当中，这样可以在学生学习的过程中对其英语知识、技能、情感等各个方面展开详细且全面的评价。在《课程要求》当中倡导英语课堂教学评价应该以过程性评价模式为主，重视学生的英语学习过程，并不断地去检查学生是否已经实现自己的预定学习目标，不再以考试成绩作为学生学习情况的评价依据，以这样的英语课程教学评价方式对学生的具体表现进行评价不仅能够促进教学信息的有效反馈，还能够在很大程度上激发学生们的学习积极性。

（二）评价主体多极化

就目前为止，传统的英语课堂教学评价方式基本上是由英语教师一人所承担的，这样的评价方式不仅十分单一，还有很多重要的信息是依靠英语教师一个人的力量所无法捕捉到的，例如，学生的学习态度、学习习惯、学习期间的重难点等。但是随着人工智能时代的到来，促进着英语课堂教学评价体系进行创新，构建了多极化为主体的评价方式，该评价方式主要包括教师对学生评价、学生对教师评价、学生自我评价、学生互评及教务部门对学生的评价等，在多极化的评价模式之下，学生的自我评价是非常重要的。一方面，学生在进行自我评价的过程中需要对自己在学习期间的所有行为进行评价，例如，学习目标、学习动机、学习内容、学习方法及学习进步情况等都要进行客观的评价。另一方面，自我评价能够促进学生独立性、自主性、创造性等条件的良好发展，还能够推动学生朝着个性化的方向不断发展。

（三）评价内容多元化

英语课堂教学当中其教学目标不仅包括学生的学习成绩因素，还包括了学生智力发展与情感等因素，例如，学习兴趣、团队精神、课堂参与情况等多元化特征。而所谓的评价实际上就是对人的一种评价，更是对人发展情况的一种评价，所以评价的方式应该是开放式的，并且具备一定灵活性的，能够促进学生智力发展的一种评价。以多元化的评价内容来实现英语课堂教学评价创新。

（四）评价策略多样化

当英语课堂教学具备多元化的评价内容后，如果仅依靠测试是根本无法实现准确评价的，所以多元化的评价内容需要配备多种不同的评价策略才能够得到全面且准确的评价结果。而测试手段只是英语课堂教学评价中的一个重要方法之一，抛开测试手段之外，还可以结合具体的英语课堂教学情况来选择合理的评价策略，例如，课堂活动、课外活动、学生学习档案记录、网上自学记录及学生自我评价报告等。通过多样化的评价策略来对学生的英语学习情况进行观察与评价，从而更好地促进学生学习。

（五）评价侧重科学化

随着大数据时代的到来，在很大程度上推动了英语教学模式的改变，从而致使英语课堂教学的过程性评价达到了一个前所未有的新高度，彻底地打破了传统英语课堂教学的终结性评价局面。过程性评价的应用更加全面、合理地对学生的学习过程与结果进行评价。并且过程性评价方式相对而言更加重视对学生综合能力的评价。所以，创新后的英语课堂教学评价相对更重视过程性评价和学生语言运用能力的评价，确保英语课堂教学的评价更加科学准确。

四、英语教学的重要价值

英语教学是当前教育教学中的关键组成部分，在学生培养中发挥着重要价值，其具体作用表现在以下几个方面。

（一）推动学生自身成长

从学生自身发展角度来看，英语学习是推动学生自身成长的重要组成部分，英语已经成为当前人才必不可少的基本技能。在学生毕业后的就业及生活中，英语都可以发挥出较强的应用价值，尤其是对于学生在专业方面的成长，往往都需要及时了解和学习英文文献，参考外国先进经验，学习外国先进技术，这些都离不开英语技能的支持，进而也就需要引起学生高度关注，确保英语学习得以优化落实。这也是当前教育教学中将英语当作公共课的重要原因，成为学生需要掌握的一项基本技能。

（二）提升院校形象

从院校角度来看，英语教学同样也是必不可少的重要学科，作为衡量评估教育教学水平的一个重要指标，同样也应该引起高度关注，以便更好地实现对于教育教学工作的优化推进，避免英语教学成为影响院校形象的短板。现阶段越来越多的院校高度关注英语学科建设，将其作为提升自身教学水平的重要路径，力求不断提升英语教学水平，促使毕业生具备更高的英语学科素养，最终凸显自身社会形象，同时也能够为社会发展输送高质量人才。

（三）适应全球化发展格局

从当前社会发展角度来看，伴随着全球化进程的加快，不论是在经济发展层面，还是在科技研究层面，全球各国之间的交往越来越密切，英语作为重要的通用语言，同样也应该引起高度关注，只有掌握了英语，才能够更好地参与一些国际化项目，符合当前全球化发展趋势。这也就需要在教育教学领域中凸显英语教学的重要性，将其作为重要学科，促使所有学生都能够掌握这门语言，以便在未来就业后能更好地适应全球化发展格局。

第二节　英语教学理论基础

一、错误分析理论

（一）错误分析理论概述

1. 错误的定义及分类

Pit Corder 在分析错误的过程中提出了错误的定义。他认为错误的出现是因为学习者还没有掌握所学语言的相关知识体系，违反了语言规则，学习者没有充分掌握和内化语言规则，所以导致了学习者在学习和使用所学语言时产生了偏差。

根据目标语言，Pit Corder 指出错误是由于学习者缺乏对目标语言的了解，这些错误也同时说明了语言学习者在语言应用和转化能力上的一些问题。这些错误也是系统的。学习者之所以会犯错误，是因为他们不具备转换目标语言技能或知识，是在语言使用过程中出现了错误，这表明学习者由于记忆、身体和心理条件等因素而未能正确地使用和掌握语言的系统。虽然不同的语言学家对错误的定义是有所不同的，但在这些语言学家提出的不同定义中也有相同的部分，他们只是依照不同的标准或类别来对错误进行分类。而不同的研究者因为对错误的认知出发点不同，所以对错误也进行不同的归类。

Corder 将错误分为语言能力错误（error of competence）和语言使用错误（error of performance），语言能力错误中再分语内错误（intralingual）和语际错误（interlingual error）。语言能力错误是指对于语言能力或语言技能的缺乏，原因是学习者还没有系统地掌握目标语言的语法。这种错误是系统的错误，如语法错误或语言句法错误。当学生使用语言时，语言能力错误会反复出现，这客观地反映了学生的外语水平。语言使用错误是指学生在口语和写作中不小心犯的错误，如语句中断、过失错误等。学生偶尔会犯这种错误。在语言使用错误中不属于语法、句法错误。

Corder 称学生在句子使用中所犯的错误可以分为显性错误和隐性错误。可以根据目标语言的规则衡量的错误，以目标语言的形式来判断的错误，这种是显性错误。而隐性错误，从目标语言的形式来看，在形式上是正确的，但没有考虑目标语言的上下文来判断。隐性错误是语言使用上的错误。教师或语言学家很难判断错误的产生是由于目标语言知识的不足，还是缺乏练习目标语言。

1974 年，Corder 在他的书 *Introducing Applied Linguistics* 中增加了三种简化的错误类型，它们是前系统错误、系统错误和后系统错误。前系统错误是指学生在掌握目标语言之前，在表达自己的观点或使用自己的语言知识时所犯的错误。系统错误是指学生虽然通过内化形成了自己的目标语言系统，但不能准确或完全理解目标语言的语言系统错误。这种错误是由于目标语言学习规则的错误预想假设，导致目标语言规则的错误使用。后系统错误是指学生已经掌握了目标语言的综合系统规则，但是由于疏于练习目标语言的规则，没有形成语言习惯或暂时忘记目标语言的某一些规则而造成的错误。这种形式错误分类反映了学生学习目标语言的过程。

国外其他研究学者按照错误产生的原因把错误划分为五类：语言迁移错误、目标语言规则过渡概括错误、语言学习策略错误、教学迁移错误和交际性策略错误。还有学者将错误分为“干扰性错误”“发展性错误”及其他特殊错误。

国内的很多研究者也尝试将错误分门别类，通过对国内外各种错误分析进行整合研究后，发现了一种新的多层面分类方法，“技术性错误”“结构性错误”“连贯性错误”及“中式英语语用错误”等几大类错误。

2. 错误分析理论的定义

一些美国语言学家提出了对比分析理论（contrastive analysis）。他们认为：通过对学习者的母语（mother tongue）和目的语（target language）对比研究，可以预见学习者在学习该目的语中可能会犯的错误，但是局限性也逐渐地暴露出来。为了对学习者的错误进行系统性的分析研究，以确定其错误的来源，为教学过程中消除这些错误提供依据，一种分析语言错误的新理论“错误分析理论（error analysis）”产生了。

对于错误分析理论来说，主要是指学生在对英语或其他外语进行学习时，有效分析研究这些错误问题，对其原因进行深入性剖析。错误分析理论与单纯的语言理论并不相同，其中，心理学的理论方法也涉入其中。错误分析理论的研究，主要基于国外，国内研究时间比较滞后，研究学者认为犯错误是每个人在学习过程中经常遇到的，由于学习过程的过渡性特点显著，每种语言之间的差异性突出。同时，相关学者在错误分析方面，主要基于语言视角，要求在学习新语言时，必须要注重日常训练，同时自我剖析也是至关重要的，主要针对自己犯的错误，做到防患于未然。我国的起步发展阶段虽然比较滞后，但是也有相关学者进行了深入性剖析，如在错误分析过程中，也可以使记忆力得到了进一步深化，满足加深印象这一需求，从而结合自身选择最适合自己的学习方法。

总之，学习第二语言的过程是学习者形成并建立语言系统规则的过程。第二语言学习者在目标语言输入的过程中不断地尝试观察、纠正和假设，以使中介语逐渐接近目标语言，建立正确的语言规则。假设从语法、句法和语篇几个方面总结和分析错误，出现频率特别高的错误也是第二语言教学中的重点和难点。教师也把高频率出现错误的知识点作为重点和难点进行教学，并提高针对训练的频率与频次。自 19 世纪 70 年代以来，人们逐渐改变了他们对学习者在第二语言学习中所犯错误的看法，错误分析的目的不仅使学习者减少了错误，而且注意到错误的本质，对错误进行了研究。同时，导致错误产生的心理过程也得到了应有的重视。其原因有二：其中一个原因是大量母语习得的相关研究发展迅速，研究表明，儿童对母语的习得并不是对语言行为的简单模仿，而是创造性和系统性的语言行为。儿童在母语习得方面也会有失误或者犯错误。这些错误揭示了儿童目标语言系统的现状。通过对儿童语言错误的分析，可以展开研究和对错误产生的原因进行归类，并提出避免儿童在学习语言过程中犯错的方式方法和学习策略，同样这类研究也适用于第二语言习得的研究。第二个原因是对比分析理论受到很大程度的质疑与反对。对比分析理论不是无条件适用的，不是万能的，也不能未卜先知。

（二）错误分析理论的过程

错误分析理论在 20 世纪 60 年代至 70 年代产生，在心理学逐渐发展的影响下，行为主义的语言习得受到了批判和挑战。1967 年，Corder 发表 *The Significance of Learner's Errors*，标志着错误分析理论产生，错误分析理论旨对学习者在二语学习过程中出现的错误进行分析。

此后，国内外的众多学者将研究的重点放在学习者的错误上，由对比分析转向错误分析。有学者认为教师在二语教学过程中应该尽量使用错误分析理论，通过错误分析，教师可以发现学生所犯错误的个性和共性。Corder 指出错误是学生学习的重要工具之一，对错误进行详细的分析可以帮助教师掌握语言学习的相关策略，识别教学中的重点和难点，从而使教学更加有意义，提高教学效率。语言错误是学习者在学习或使用二语过程中产生的偏离目的语标准的现象，错误分析即分析学习者在二语学习过程中产生的错误，探究错误产生的原因，进而解释二语学习的过程，帮助学习者更好地纠正错误。但是，错误分析理论也存在着一定的局限，学习者在学习中出现学习困难的过程无法得到详细的体现，仅可以针对学习者的错误文本进行分析，此时需要借助对比分析理论，母语与目的语的对比能够有效说明学习者错误的深层原因。

通过对错误分析理论的研究学习，错误分析基本分为五个步骤：样本搜集、识别错误、描述错误、分析错误的原因并进行解释和评估，以及改正错误。

第一步：搜集样本。在搜集研究样本的时候，首先要确保搜集到的原始语料能够反映学习者的语言学习情况。Corder 根据语料的大小将语料划分为三种：大样语料、小样语料和个案语料。

第二步：错误识别。搜集到样本之后，需要辨别样本中的错误。在辨别时需要分清楚语料错误属于错误还是失误。

第三步：描述错误。搜集到错误后的任务就是详细描述错误。

第四步：解释错误。统计语料中的动词错误的类型和频率，并进一步分析错误产生的深层原因。本书中对于错误的解释主要从语言学角度和学生心理学角度来解释。

第五步：评价错误。将研究所得的动词进行归类和解释后，需要对学习者的错误进行纠正和评价，及时地纠正能够让学生快速地改正错误，避免久而久之形成语言石化的现象。

下面对错误分析理论的五个步骤具体展开论述。

1. 搜集样本

错误分析的第一步是确定语言学习者的错误搜集和分析水平，因为学习语言过程中会受到各种因素的影响。搜集到的样本可分为两种：直接自然样本和间接诱导样本。直接样本是最真实的，可以及时地了解学习者的实际语言学习情况，但这种样本往往不能满足研究者的研究目的。为了更加方便研究，研究者经常使用间接诱导样本。间接诱导样本的优势是样本可控，类别定向。所以间接诱导样品更加方便研究，有利于研究者达到研究目的。

不同的样本搜集方法会产生不同的样本结果，这会影响错误分析的真实性，因为学习者的学习是一个持久的过程，它是系统的和周期性的。所以样本采集也可以分为垂直采样和水平采样。垂直抽样可以长期搜集学习者的错误，它是系统的、深入的。水平抽样可以搜集学习者在语言学习的某个阶段的错误，水平采样是定向的、广泛的。但是因为只考虑广泛度，样本容量可能足够大，但是样本不能反映错误周期性。

2. 错误识别

识别错误通常被看作是偏离目标语言的语言现象。为了识别错误，我们必须明确目标语言的规则标准。识别错误通常分为对书面错误和口头错误的识别。书面错误识别主要显示写作内容是否与学习语言的语法一致，如词法和句法。除了语法，还有语用规则的识别，如词汇、发音、时态、表达方式等。即使研究人员掌握了目标语言完备的系统规则，拥有良好的语感，但是他们也不能总是及时地判断所有的错误，因为错误作为一种语言现象是抽象的。

3. 描述错误

描述错误是指研究者根据第二语言学习者基于跨语言表达的意义，对目标语言的句子进行重构和对比的错误。描述性错误要求研究者关注语言结构的表面。研究者不需要探究句子或短语中的词根。

4. 解释错误

解释错误对研究者的语言知识储备要求十分高，因此，错误分析的最终目的是找出学习者所学的知识和如何学习，从而改进第二语言教学，改变研究方法。但是目前国内在解释错误方面也不是很成熟，我们还需要提高解释错误的能力。

5. 评价错误

评估错误是主要从受众或读者的角度对错误的影响程度进行评价。评估错误与评估方式方法或评估错误的人有关，专业人员和非专业人员对错误的评价或评估不同，专业人士对语言规则更敏感，他们以真实的态度评估所遇到的错误，并拥有严谨的态度，专注于错误理论研究。人们对书面写作错误的容忍程度要低于口语错误，因为口语是人们想通过说话来表达他们想要表达的意思，并完成语言的社会功能。不必过于在意他们说话时的语言结构规则。但书面语言强调语言结构的规则。很多的细节都会影响信息接收者从语素到语篇的会意。目前，错误评价主要应用于教学领域。因此，错误评价在我国英语基础教学中具有重要意义。

（三）错误分析理论在英语教学中的应用

1. 归类错误

在英语学习过程中，经常会犯下错误，由于学生犯下的错误是不同的，所以归类错误的难度性较高。在错误中，基于能不能理解英文语句的判断进行分类，局部、全局的基础性错误为重要构成内容。针对前者，动名词形式如果用错等，产生误解的错误基本上不会发生，这对于交流的影响并不大。在学习英语方面，犯全局性错误更为常见，对于全局性错误来说，主要是指在英语学习方面，与英语句子的结构并不一致，所以很难规范英语句子，意思解释的难度性较高。通常来说，语法错误、词组错误等存在全局性错误，该错误改正的难度性较高。要想将该类错误的发生概率降至最低，英语教学过程中针对学生犯下的错误，纠正必须要及时，对错误的种类进行明确化，并从实际情况出发，对错误阐述的原因进行消除，最后确保错误得到第一时间解决、纠正。对于英语教师来说，应加强学生独立自主品质的培养，将英语学习中产生的错误挖掘出来。

2. 摆正纠错态度

在英语教学过程时，应提高对纠正错误的重视程度。英语教师的教学态度，对于学生纠错态度产生的影响也极为深远，这已经成为学生纠正错误效率的重要影响因素之一。基于教师视角，对于学生存在的各种疑问，应及时给予解答，使学生的纠错态度变得更为积极乐观且向上，勇于面对学习遇到的错误，树立高度的正视态度，并且教师应发挥自己的指导性角色。根据现实了解到，如果英语教师将精力过于放在教学本身，教学方法、教学态度的合理性不足，是很难提高学生纠错的积极性、主动性，也不利于学生自主独立人格的培养与塑造。所以优秀的英语教师，不仅要注重教学方法、教学思想的正确性，也要树立高度的敬业精神、态度，与学生构建良好的关系。

3. 选择纠错方法

要想不断提高学生英语综合能力，必须要对纠错方法进行正确选择，这是纠错过程的重中之重。通常来说，纠错的技术性显著，纠错的结果，对于学生英语综合能力的提升具有一定的决定性作用。在教师批改学生作业时，要第一时间批注。而教师也要注重对学生的鼓励与激励，特别对于容易受挫、英语基础比较薄弱的学生，这不仅可以使学生自信心得到强化，还可以继续维护和调动学生英语学习的积极性、主动性。

建议教师应该以自我纠错和集体纠错为主，多给学生提供纠错的机会，提高纠错意识。长此以往，会形成并提高英语思维与表达能力，降低出错频率。

4. 进行自我批评

自我批评要求学生应确保英语知识运用准确性，为其英语水平的提升奠定良好的基础。例如，教师在对学生的写作进行批改时，可以将学生错误的单词语句圈出来，引导学生自我发现与改正，对出错的原因进行高度明确化，避免相同的错误反复发生。基于此，对于写作水平的提升作用不容小觑，对英语综合能力的提升也有极大帮助，所以教师应大力提倡。

二、对话理论

（一）对话理论的相关概述

1. 解读“对话”

基于语言学的观点，对话可以解释为“两人或更多的人之间的谈话”“两方或几方之间的接触或谈判”。基于此种意义的对话，作为人际交往的方式，是在人类语言出现之际便作为日常的、简单的交流方式而存在的。正如米哈伊尔·巴赫金（Bakhtin Michael）所认为的对话是人类存在的方式，人类只有依靠言语才能进行最基本的生存、交流活动。从解释学的角度上看，可以借助德国哲学家尤尔根·哈贝马斯（Jurgen Habermas）的交往行为理论来理解“对话”的内涵。他认为为了达到以理解为目标的言语交流中，言语发出者应当采取能够被领会的表达方式，传达真实陈述的意向，整理出带有正确信息的话语，从而使言说者和听者能在以公认的规范为背景的话语中达成认同。哈贝马斯强调对话是言语双方根据自身对所谈论内容所持有的前理解，通过再理解实现视域融合的活动。如此，对话的内涵不仅仅局限于人与人的交往方式，其言语主体既可以是人与人，也可以扩大到人与物之间——人与自然、人与生活、人与文本等。这是广义的对话，也是我们在教学过程中应该持有的对话观。

从社会学与文化学的观点而言，对话是指一种交往和互动、沟通和合作的文化，是与民主、平等、理解和宽容联系在一起并以之为前提的文化。对话的产生依据一定的条件——对话主体之间处于平等地位，相互尊重且能做到彼此信任，而对话的氛围并不是辩论式的、试图说服对方的激烈状态，而是民主和谐的。由此，对话的过程是一个开放、共享的过程，对话的结果则反映了对话主体个性意义、思维特征，二者有异曲同工之妙。

由此可以看出，无论从社会科学还是从人文科学的角度来看，对话强调主体间的交互性，且对话必然建立在主体之间互相信任、彼此尊重、人格平等的条件之上，方能实现思想的碰撞、情感的共鸣与经验的共识。

2. 对话理论的由来

“对话”一词最早出现于西方哲学领域。现代“对话”概念之父马丁·布伯（Martin Buber）在借鉴胡塞尔（Husserl）等人关于人类主体间性学说的基础上，在其代表作《我与你》中阐述了他的“对话哲学”。马丁·布伯认为世界具有二重性，相对应人与人之间存在的两种关系，即“我与你”和“我与它”。人作为社会性动物，“我与它”是生存和发展所必需的一种关系，但也是一种不平等的关系。基于人本理念，应关注的是“我与你”的关系，通过人与人之间真正的对话，即“从一个开放的心灵到另一个开放心灵之话语”来转变“我与它”为“我与你”的关系。那么如何实现真正的对话呢？马丁·布伯以为当对话的双方能够抛开交谈的意图与期待，即不以任何目的为前提，从而开展的对话能够构建“我与你”的关系。因二者之间首先建立起平等的、真诚的关系时，这样的“相遇”即为“对话”——强调了对话的平等性。从对话概念到对话系统理论的提出，要等到苏联著名文艺理论家巴赫金的登场。巴赫金以对话为理论基础及思想核心，独创性地提出了一系列理论，包括复调理论、狂欢理论等，并在此基础上，构建了独特的诗学体系。巴赫金认为，对话是人类生存的本质。对话是一切事物存在的中心，两个声音是生命也是人类生存的最低条件。即强调了对话存在的必然性，生活的本质，思维、语言与艺术等的本质皆在于对话。英国物理学家兼思想家戴维·伯姆的代表作《对话论》中记载了他对于对话的深刻见解，他提出“对话是意义溪流”的理论，即参与对话的主体既能够在这个过程中论述自己的观点，又能于大众的声音中寻找新的发现。在对话主体以平等、自由的姿态进行交流的过程，产生思维的沟通与碰撞和个性化的体验。对话过程也是意义生成的过程，是“意义之溪”，借此，戴维·伯姆的对话论强调了对话所具有的创造性与生成性。他和巴赫金一起系统地分析了对话的地位、内涵与意义，为该理论在教学中的广泛应用奠定了理论基础。

3. 对话理论与主体间性

巴赫金早期的“自我”主体与“他者”主体关系（构建）的哲学模式的要素“转化”成了一种新的用语。它是他者之于自我的作用。它表现为我眼中的我（教师自己），他人（它）眼中的我（生—师），我眼中的他人（主体分为有生命对象和无生命对象）。作为主体之一的文本是一种语言，它也像一个“你”一样和对话中的另一个人自身说话。这里所说的“自我”与“他者”仅限定于有生命的对象，即教师和学生。巴赫金的“自我”与“他者”主体间性构建问题，只有通过“自我”与“他者”发展的、动态的真实对话交际中才能得以实现。对话理论是一门研究思维和行为的哲学。对话的主体应当是思想和观点碰撞的混合体，主体间对话构建的是融合趋势与个性展现，并最终殊途同归，成为一个外显矛盾与内隐统一的共同体。

主体间性是20世纪西方哲学中的一个典型研究范畴，它主要研究完整的主体之间的互相作用，即一个主体作用于另一个主体，主体可以是两个并列的、对等的关系，即双主体的“自我”与“他者”；也可以是共存于同一个主体的两个声音，即“自我”与“他者”合二为一的共同体。西方各学派对主体间性的阐释各有不同，但都承认它对人文与社会科学的理论指导意义，它在各领域的实际应用价值也是日益彰显的。本体论强调主体与主体之间的交往和理解关系；认识论强调的是作为认识主体的人与人之间的关系，它涉及知识的客观普遍性问题；社会学强调作为社会主体的人与人之间的关系和价值观念的统一性问题；而对话性即主体间的关系。主体间性课程是一种强调主体间对话的活动，强调应搭建交流情感和沟通思想的课程平台，并将教学系统的全部要素放入主体之间去考察，这种活动是以各主体间的对话作为基础而实现的。因此，对话理论成为实现主体间性课堂话语模式的重要理论基础，这一理论的本质在于强调对话在教学中所起到的作用，被认为是现阶段促进外语课堂教学的有效手段。

4. 对话理论的哲学渊源

（1）康德哲学

巴赫金的对话理论具有深厚的哲学基础和理论渊源。西方哲学的历史经历了由古代本体论向近代认识论、再到现代语言哲学的三个阶段，而巴赫金的对话理论也正与西方哲学发展阶段相一致：由研究“客体—客体”的关系，再到研究“主体—客体”的关系，直至研究“主体—主体”的关系。他的语言哲学研究方向呈“客体性—主体性—主体间性”的走势。

有别于传统哲学的本体论，17世纪欧洲哲学经历了“认识论”转向。法国哲学家勒内·笛卡尔（Rene Descartes）以“我思故我在”开启了理性主义的哲学时代，而伊曼努尔·康德（Immanuel Kant）作为启蒙运动时期最后一位主要哲学家，他将笛卡尔的理性主义和弗朗西斯·培根（Francis Bacon）的经验主义结合，认为要把人的最终目的在审美判断中的全面呈现提到一个前所未有的高度来认识，强调人的重要性。巴赫金主体间性构建的理论来源正是康德。他强调人的主体性和参与性，主体的构建是在关系中形成，是在“自我”与“他者”的对话和交往中实现的。

康德把人类全部的认识都放在“现象”的框架之内进行研究。作为20世纪现象学的开创者，胡塞尔继承了康德的思想遗产，指出了主体间性是人与人之间理解、沟通和交往的前提，是主体与主体之间的相互作用。它的哲学来源是“自我—他者关系模式”。胡塞尔从认识论上，对自我存在的接受（责任），对他者进行移情，通过“移情”和“共同经验”，用主体间性替代了笛卡尔的“我思”的主体性，从而达到意义的相通性，对话理论既尊重主体的自我，也尊重客体的自我，同时也会把客体置于主体的位置。

哲学家马丁·海德格尔（Martin Heidegger）继承并利用了胡塞尔的理论来对康德进行了一种现象学的诠释，他从存在论上以主体间性替代了主体性。存在的世界是共同的世界，存在是主体间性的存在，而不是孤立的主体存在，是交互主体的存在。对于主体间性来说，是将“存在”置于主体与主体之间的关系之中来考察，客观世界不再是客体，而是另一个主体。因此，主体间性是指主体与主体的关系确定存在，并且存在成为主体之间的交往、对话和体验，从而达到之间的互相理解与和谐。

19世纪末20世纪初，西方哲学发生了第二次转向，即从“认识论”转向“语言学”。在本体论阶段处于哲学思考核心地位的是客体；在认识论阶段处于哲学思考核心地位的是主体。如今，传统哲学的本体论和认识论研究让位于现代哲学研究，主体间性研究成为哲学思考的焦点。

（2）马克思主义实践论

马克思主义的来源之一是从康德开始的德国古典哲学。从马克思主义哲学的实践论角度，他认为，任何个人改造世界的实践活动都不是孤立的或单一的主体对客体的改造活动，而是众多主体对共同客观世界的联合改造活动，并且具有内在关联性的主体间性的构建是通过客体为媒介发生的。巴赫金强调在对话交流的过程中，客体被转换为主体（他人眼中的我），而马克思主义哲学基础要求“回应”的范式转换，即形成反馈、流动和循环。巴赫金对话理论历经了两次语言学转向，它源起于康德哲学，经由马克思主义哲学的实践论检验，从认识论上的主体关注，逐步为转向现代语言学的主体间性关注。

（二）对话理论与教育的结合

在国内，关于对话理论及其在中国教育中的应用，形成本土化教学理念的正式研究始于20世纪80年代。而通过相关文献梳理，可以发现在基础教育中，国内关于对话教学的相关研究在1982年至2001年是一个漫长的酝酿期。这是由于众多学科彼时尚处于课程改革的不稳定时期。因此，在2001年新课程改革之前，国内关于对话及对话理论的研究比较缺乏，能够将联结对话理论与教学的研究更是万里挑一。通过对现实教学实践中的问题进行反思，再通过相关理论的探讨，进而对对话教学在一线教学实践中的运用成效进行了简要的概括——对话教学的含义、类型、基本结构与功能及其开展需要的特定条件，并提倡将对话教学作为传统教学方法的补充。就整体而言，其探讨止步于对话教学的大致方向，对实施理论的依据也仅限于浅显的论述，与实际相结合的具体课例也局限于高等教育领域，将对话教学仅仅作为一种教学方式而非一种思想，因此，未能引起足够的重视。有学者概述了对话实际的意义，并分点阐述了对话教学的五种内涵，即对话教学是“民主平等的、沟通合作的、互动交往的、创造生成的、以人为本的”教学。其关于对话教学内涵的明晰让一线教师对于该理念在教学中的运用有了更为清晰的认识。新课程改革之后，在明确师生地位、关系的同时，强调融对话思想于教学中，引发了教育理论与实践上的变革。我国有研究者在《<基础教育课程改革纲要（试行）>》解读一书中，在关于课程标准与教材开发的具体阐述中，明确地提出了学生在学习中的主体地位，并主张让学生通过社会交往来获取知识；另外，在教学理念与策略方面，作者强调了学生开展自主合作探究学习的重要性及实施策略，主张学生们在交流、谈论、探索等社会交往中积极主动地进行研究性学习……无不体现了“对话教学思想”在教育活动中的运用。系统阐述对话及对话教学的发展历程，借此引出了有效对话教学的本真，并没有全盘否定传统教学，而是在阐明有效对话教学与传统教学关系的基础上，将有效对话教学的特性归结为“平等、开放、创生、交往、参与、直接与互动”七大方面，并结合实例对有效对话教学的基本与实施策略进行了论述，从而为对话教学的落实提供了科学的理论指导和实践借鉴。在研究国外对话理论的基础上，我国学者从多个方面为对话教学在中国教育领域的运用做出了重要贡献，认为“应确立教育的对话本质”——教育是追求人性化的体现，教育过程应是师生在对话中的精神相遇、共享世界的过程。由此倡导应转化现代教育中的师生关系为马丁·布伯所言的“我与你”的关系。国内学者对国外对话哲学理论的分析，结合中国教育的实际情况，有助于开展新课程改革下各个学科的对话教学。因此，从对话教学的课堂实践形式到对话教学中相关对象的参与，一系列相关研究论文，例如，《论对话教学的课堂实践形式》《对话教学的师生观》《对话教学的内涵和特点》《经验与文本：对话教学的课程观解读》等都为我国对话教学的实现提供了重要的理论支撑。

总之，教学是一项指向过程性、主体性的活动，同时它也是一项长期性、永恒性的活动。这一活动是以语言为媒介，以言语对话来传达信息。它是能够引起思想共鸣、意义共享的过程，故其价值的实现也是通过对话来表现的。在教育教学过程中，对话无处不在。“对话教学”的首推者保罗·弗莱雷（Paulo Freire）所提倡运用对话培养学生的批判性意识，在学会思考与学习过程中获得解放；德国教育家克林伯格所认为教学中存在着最广泛的对话，而优质教学的本质性标识是通过能否产生相互作用的对话来实现的；对话不仅仅是一种教学手段，也是教学的实有之义。且这种教学活动中的对话体现了主体间的平等地位、过程的开放程度及结果的异彩纷呈。故在教学中应用对话理论是与教学活动的特质相符合的。

（三）对话理论在英语教学中的应用

当前时代背景下，巴赫金对话理论与新型英语教学理念有着异曲同工之妙。唯有对话合作，消除教学各环节中的隐性不平衡因素，才能在教与学、师与生、生与生之间建立平等共生的对话关系，才能从根本上建立英语教学与实际应用彼此融合的新教学模式，从而培养学生的英语技能，满足国家对英语人才的需求。

1. 课前

当前时代背景下，丰富的信息化教学资源为英语教学课前准备提供了更多途径。一是各教材的数字资源，如新技能英语配套数字课程。二是多媒体教学资源，比如学习通平台、微课平台等。三是基于 VR、AR 的移动交互式数字教材。四是自制教学资源，比如教师本人录制的精品微课视频等。在教学资源的运用上，应注重结合互联网的多元、开放、非中心化特征，充分借助数字化平台，实现学生“课前自主合作学习”的线上线下融合性教学。教师利用各种学习 App，如学习通、钉钉等，整理本课学习内容，发布课前预习任务，并上传相关多媒体资料。通过互联网共享教学资源，师生、生生完成了课前对话，也为碎片化的教学互动资源提供了强大的储存平台，有利于教学资源的可持续性供给、优化和系统化定制分析。

2. 课中

创造情景浸润式、对话交互式的教学环境，在教学中重塑对话合作的学习新节律，构建新型信息化教学模式，是英语课程变革的方向，这就要求教师掌握信息化教学技术，实施线上线下混合教学，打破仅限于教室内的传统课堂模式，在师生对话、生生对话之外加入“人—机”对话，让学生“走出教室”。

（1）开展浸润式线上教学。借助新技术，课程可根据每单元的不同内容让学生进行情境体验学习，从而更具体感性地内化理论知识。如通过 VR 仿真技术让旅游专业学生依托虚拟景点，实现与外国游客的对话交流；以正确回答英语文化知识的形式，通过虚拟飞去不同国家、感受当地风土人情（如节日、民俗）来强化中西方文化的对比学习等，从而实现跨文化、跨学科的多维度对话，传承中华民族优秀传统文化。

（2）开展交互式线下教学。除使用“白板”、视频、音频等多媒体途径教学之外，还可以利用学习通、职教云等课堂应用程序实现“人机”对话，进行英语教学，发布课程资源、开展课堂互动活动：学生通过平板、手机或笔记本电脑等完成课程任务，如随堂练习、主题讨论、分组任务等，教师借助程序中的弹幕、疑问标注等了解学生的难点，运用选人、抢答、投票等方式进行提问。

3. 课后

英语教学评价的目的是促进学生语言知识、人文素养、沟通手段等多方面能力的提升。因此，在基于巴赫金对话理论的英语教学过程中，构建多元、开放的良性课程评价体系是重要一环。

（四）对话理论对英语教学的启示

当前英语教育处于日新月异的改革时期，巴赫金的对话理论对于转型期的英语教学有着深刻的理论指导，又有着重要的实践启迪。

从理论上，对话理论关注的教学主体间性的建构，能够为英语课堂教学提供分析依据，对我国本土化英语课堂理论建构起到抛砖引玉的作用。同时，能够为英语教学实践提供一个良好的研究视角，扩大国内学界对巴赫金对话理论的认识与研究，也为教育思想的创新起到重要的推动作用。

从实践上，对巴赫金对话理论的研究能够指导解决教学中师生呈现的“自我”与“他者”的主体间性关系发展的不平衡问题。第一，对话理论尊重主体存在的多样性和个性发展，能够培养主体平等、民主、和谐的关系，优化良好的教育教学环境。第二，构建良好的主体间性关系，能够促进学校德育工作的系统化、科学化和规范化。第三，基于“自我”与“他者”和谐的主体间性关系的建构，能够满足教师和学生的成长性需求，促进教师自身的教育教学能力和素养，促进学生从知识习得向能力增长的转化，这种具有成长性潜势的主体间性关系的建构是实现有效教学的途径。第四，通过良好的主体间性关系建构，能够及时发现、调整、优化教学中的主体本身问题、教学本身问题及教学主体与教学其他因素的问题，有利于优化英语课堂建设。

三、二语习得理论

（一）二语习得理论概述

斯蒂芬·克拉申（Stephen D. Krashen）于20世纪80年代初提出了“监察理论”，这也是其二语习得理论的雏形。该理论主要由五项基本假说构成：语言习得与学习假说、监察假说、自然顺序假说、语言输入假说和情感过滤假说。总体来看，语言习得与学习假说是克拉申二语习得理论的出发点，而监察假说又与语言习得与学习假说紧密相关，反映出了“语言习得”与“语言学得”间的内在关联；自然顺序假说与语言输入假说是对二语习得过程的具象阐释，更侧重于对方法论的探讨；而情感过滤假说则将二语习得与心理学相结合，既突出体现了克拉申理论的创新性，又与艾弗拉姆·诺姆·乔姆斯基（Avram Noam Chomsky）的相关理论一脉相承。根据克拉申的二语习得理论，第二语言的习得涉及两种不同过程，即习得过程和学得过程。“习得”主要指以获取信息或交流信息为目的的语言学习过程。在这一过程中，学习者关注的是“意义”，而不是“语言形式”。与此相对应，“学得”指针对语言规则和规约有意识的学习过程。在这一过程中，学习者关注的是语言形式和语法规则。“学得”和“习得”两个过程不仅内涵不同，而且彼此间不能相互转换。语言习得过程类似于母语能力发展过程，是一种无意识的、自然而然的学习过程；而语言学得过程即通过听教师讲解语言现象和语法规则，并辅之以有意识的练习、记忆等活动，来达到对所学语言的了解和对语法概念的掌握。监察假说的重点在于“监察”的内涵上。所谓“监察”，就是学习者对自己语言输出的质量进行有意识的监督和管控，其可以发生在语言输出之前、语言输出期间，甚至是语言输出之后。自然顺序假说认为，学习者以一种可预示的顺序逐步习得第二语言规则，对某些规则的掌握往往要先于对另一些规则的掌握，而这种习得的顺序是具有普遍性的。语言输入假说是“监察理论”的核心内容。学习者通过对语言输入的理解而逐步习得第二语言，而“可理解的语言输入”

则是语言习得的必要条件。情感过滤假说主要用来解释第二语言学习者学习速度和效果有差异的原因。不恰当的情感会阻碍正常的语言输入，使其无法进入语言习得机制，最终也就无法达到语言习得的目的。

（二）二语习得理论相关假说

语言习得涉及人类语言的发展，语言习得是指儿童对第一语言的发展，即儿童所处地区的母语。一个人在掌握了自己的母语之后，可以在随后的自然环境与教学环境相结合的氛围中学习另外一种语言，即学习者的第二语言，它包括语音学、词汇学、语用学等知识。如果学习者的二语习得是发生在其儿童时期，那么它与母语习得基本相同。如果习得过程发生在成人期，虽然二语习得与母语习得有很多相似之处，但二者之间的差异还是很大的。

克拉申是二语习得理论的主要倡导者，他认为：简而言之，无论是母语还是第二语言，语言的掌握都发生在“可理解的”真实句子中，在轻松愉快的氛围中被接受；它不一定要有意识地去习得、练习及运用词汇、语法和语用等知识，因为它是不可能一蹴而就的，开始练习说的过程要比听的过程发展缓慢很多。最佳的语言学习策略就是依据上述语言的特性和优缺点进行分析和设计说明。他的理论包括以下五个理论，他称之为“假说”。这五个“假说”的顺序和权重是不同的，以下一一阐明。

1. 输入假说

该假说认为，只有当语言学习者接触到一定的“可理解性输入”（即第二语言输入知识和范围水平略高于学习者的母语表达能力）时，语言习得才会发生，并且能够专注于理解意义而不是形式。如果语言学习者目前的水平是“i”，那么有必要向其提供“i+1”水平的输入。这种“i+1”级的输入不需要刻意提供，只要学习者能够充分理解输入，就会自动提供。

2. 习得差异假说

该假说认为，成年人并不会失去儿童习得语言的能力，在非常理想的条件下，成年人比儿童更擅长掌握语言。同时，该假说也认为，当别人帮助学习者纠正错误时，对其掌握语言并没有什么帮助。

3. 自然顺序假说

这一假说认为，儿童和成年人的语法知识、语用学知识等的习得过程事实上大都是按照之前预测的一定顺序开展的。换言之，有些英语语法知识和语用等知识是先习得，而另一些语法语用等知识则在随后的过程中慢慢习得。

4. 情感过滤假说

情感过滤假说认为，没有大量合适的语言输入环境，学习者就不能很好地学习目标语言。情感因素对二语习得起积极促进或消极阻碍作用，心理因素影响语言习得的速度和效果。比如动力因素、人格因素、情绪状态等。

5. 可理解性输出假说

该假说认为，第二语言学习者的语言输出训练在一定程度上对他们顺利使用语言做出了贡献。可理解性输出假说对教师在二语习得中的作用具有重要意义。“可理解性输出假说”可以作为“可理解性输入”的平行概念，促进学习者更准确、连贯、恰当地表达自己。

（三）二语习得理论在英语教学中的应用

1. 增加对母语迁移的理解

在二语习得过程中，母语迁移是一种毋庸置疑的客观存在。对于英语教学，教师首先应该增加对母语迁移过程的理解，在熟练掌握汉语和英语的同时，对两者进行有意识的对比分析，尤其要注意汉语负迁移的表现及对学生英语学习的影响。学生有很强的理解力和逻辑性，如果能有效地利用母语对英语的正迁移，克服其负迁移，将能有效促进语言习得。教师可帮助学生认识到汉语和英语在语音、词汇、语法等方面存在的相似性，利用汉语体系和思维来理解和运用英语。对于汉语可能引起负迁移的地方，要进行对比分析、总结和强调。在英语教学时，尽量利用优质的原生英语资源让学生沉浸在英语表达和思维中，通过大量有效练习培养学生正确运用英语句式、表达习惯及英语思维的能力。另外，语言和文化是密不可分的。教师还应注意让学生了解语言背后不同的文化和社会因素，提升学生的文化交流能力。

2. 重视学生的主体地位

（1）教学实践以学生为中心

在英语教学领域，教师和学生对于“习得”和“学得”这组重要概念同样是长期混淆甚至忽略的。因此，很多英语教师只埋头于“教”，至于怎么教、教什么，什么是教授的重点，什么又是教学中相对次要的方面，几乎没有教师去反思和重视。而学生则始终在教学环节中处于被动灌输的状态，对于自己需要掌握什么知识及领悟的先后顺序并没有清醒的认识。在这种情况下，就必然造成教学活动中教师和学生地位的模糊甚至错位，不利于调动学生的积极性，也不利于教师充分施展自身的教学才能。克拉申对“习得”与“学得”的详细区分有助于英语教师理解汉语和英语的差异性，丰富自身的语言认知理论，为英语教学法提供切实的理论基础。这就提醒英语教师，日常教学活动应以满足学生的需求为自身宗旨，开展以学生为中心的英语教学实践。根据克拉申理论，习得的结果是潜意识的语言能力，而学得的结果是对语言结构有意识的掌握。只有语言习得才能直接促进第二语言能力的发展，而对语言结构的刻意了解在语言运用中起到监察作用，并不能将其视为语言能力本身的一部分。在英语教学中，英语教师应将上述两种途径有机结合，更加重视学生的英语习得过程，尽快培养出学生强大的英语“语感”；同时，兼顾学生英语习得环节，辅之以必要的英语语法知识和充足、高质量的课堂及课后练习，让学生了解真实的英语现象及英汉双语间的不同点。总之，英语教师应打造以学生为中心的英语教学氛围，避免那种“填鸭式”的单方教学模式，一切教学环节都应以学生为主。

（2）尊重“语言沉默期”，切忌拔苗助长

克拉申认为，“语言沉默期”是指语言习得者还没有足够能力讲话的那段时期。而这段时期短到几小时，长达几个月。这个“沉默期”是必经阶段，属于正常现象。然而，我国英语教师对于这段“沉默期”没有基本的认识，忽视学生的英语水平，主观认为学生应该有更显著的进步。很多教师简单地将这种“沉默期”归因于学生不够努力，学习态度不端正，或者对学生自身的英语学习能力产生怀疑，这无疑是一种拔苗助长的态度。因此，教师必须尊重“语言沉默期”，对学生暂时无法用英语流利地自我表达的停滞报以必要的耐心，循循善诱，包容爱护，切不可操之过急，使得学生的英语习得产出“夹生饭”。

（3）了解学生的学习情绪，有的放矢

在克拉申的二语习得理论中，其情感过滤假说明确引入了心理学模型和机制，从人性化的角度揭示制约学习者习得语言的因素，从一定程度上反映了师生关系、教室结构、教学风格、教学手段、课堂设计及教师角色定位等因素在语言习得中的重要性，而不是拘泥于语言本身或是二语学习者。英语教学实践中的主体是学生，而从心智上来看，他们多数又是具有丰富、多变情绪的人。因此，在语言输入过程中，学生或多或少都会存在“情感过滤”因素，例如，学生自身的学习动力心情及自身性格都会影响到语言输入的实际效果。如果教师对于自己教学风格的塑造不够细腻和人性化，没能充分将学生实实在在的学习情绪考虑在内，态度不够和蔼、亲切，动辄训斥、罚站，会使得心理脆弱、敏感的学生产生紧张、焦虑的情绪，对自身抱有深刻的怀疑。而有的教师则干脆不屑于在课堂设计上下功夫，抱着讲义进来自顾自地讲课，课堂枯燥、单调，没有人情味，这样很难激发出学生的积极学习情绪，最终阻碍其英语语言习得进程。不论如何，学生都是有血有肉的实际个体而非冷漠、单调的机器。因此，教师必须将学生的“情感过滤”作为教学设计的考量因素，在课堂中适时穿插一些小游戏，播放与讲授内容有关联的视频和音频；或是改变教室里中规中矩的座位布局，提升学生对教学的期待值；抑或是留出一定的时间来让学生展示自己的学习体悟和近期成果，变“教师输出”的家长式教学模式为互动交流的新型教学形态。教师在充分照顾到学生情绪的前提下，积极尝试灵活多变的教学方式，这样才能有的放矢，事半功倍。

（4）突破心理和情感障碍

在英语课堂上，很多学生因为自尊心强、过分焦虑出错而羞于开口。加之传统的英语课偏重英语的语言形式和语法规则的准确性，于是教师多会在众目睽睽下对学生的语言精准度进行批评指正，而这往往更加重了学生害怕出错的焦虑，更阻碍了二语习得进程。所以，英语课堂中教师应为学习者创设一种轻松有趣的学习氛围，帮助其消除心理和情感障碍，激发其学习动机。通过设计多样的教学活动，鼓励学生用所学的知识来认知不同的社会文化、描述周围的世界、进行有效的语言交流。总之，英语教学要注重培养学生运用英语语言的能力，用更能让学生接受的形式进行错误指正。

（5）关注学生个性化差异

不同的学习者具有不同的性格、认知风格、学习策略等个体差异。教师应因材施教，把课堂创设成学生相互学习和交流的场所，通过多样的教学形式适应学生的不同特点、发展学生的综合语言能力。传统教学结合多媒体辅助，线上线下教学结合翻转课堂，独立作业结合团队合作等方式都能有效促进学生的二语习得。学生有其独特的二语习得机制，研究其特征并对比儿童母语习得，能为英语教学带来新的启示。

3. 正确处理语法的地位

在我国目前的英语教学实践中，对待语法的态度基本呈现鲜明的两极分化：一方认为语法是中国学生学好英语的前提，奉行“语法至上论”；另一方坚持“语法无用论”，弱化甚至回避语法在日常英语教学中的作用。要指出的是，这两种态度都不是对待英语语法教学的科学认识，而且目前“语法至上论”在我国很多英语教师的脑海中还占了绝对上风，在英国文学、精读甚至口语课堂上大讲特讲英语语法的教师大有人在，俨然把设计初衷围绕听、说、读、写能力的多样性英语课程同化为“英语语法课”。这种现状必然对我国学生语言能力的培养十分不利。根据克拉申的自然顺序假说，二语习得者对语言结构知识的学习过程是可以按照自然过程进行的。比如，在英语教学中，掌握进行时要先于掌握过去时，掌握名词复数要先于掌握名词所有格。然而克拉申认为，教师并不需要刻板地按照这种顺序来制定自己的教学大纲。恰恰相反，如果我们的最终目的是要习得某种语言能力，就完全有理由不按任何语法顺序来开展教学实践。因此，英语教师应及早纠正自己对待语法的态度，中和其在日常英语教学活动中的地位，既不刻意拔高，也不随意轻视。基于对“习得”与“学得”概念的区分，语法学习是英语语言学得的一部分，并不属于语言学习应该享受优先顺序的“习得”环节。因此，教师应妥善处理好语法在日常教学中的地位，切不可本末倒置，不分轻重。

4. 重视“可理解输入”的作用

如何理解语料是语言输入假说的重中之重，该理论将“可理解输入”视为二语习得的前提和核心。这种理想化的“可理解输入”有助于学习者在一定期限内培养出成型的语言能力。二语习得不能一蹴而就，而是要通过一个完整的程序来实现，即“听—读—理解语料信息”。因此，语言输入是语言学习的终端行为，然而对于输入度和质量的把控却更为重要，特别是对于我国英语教师而言，作为整个外语教学实践的实际操作者和应用者，如何在输入环节妥善把关就显得尤为重要。一些英语教师只注重语言输入的重要性，而忽视了输入本身的质量，在学生英语理解水平与输入质量不相符的前提下，这种“输入”更多只能流于形式而丧失其实际价值。克拉申认为，输入的语言有一个基本前提，即可理解性；语言习得的必要条件是可理解输入。因此，如果语言输入无法被学习者顺利理解，非但无用，更会是一种“噪声”。当然，教师对“可理解”的具体把控也不可矫枉过正，不能把“可理解输入”片面地等同于“简单、初级的输入”，还应该在充分掌握全体学生平均英语水平的基础上，找到适中的“输入”难易度。既不能让学生沉溺于过于简单的“输入”而轻视现阶段的学习内容，产生盲目乐观的错误认识，也不能因“输入”过于晦涩深奥而造成学生望而却步的畏难心理。因此，我国英语教师不仅要让学生充分、广泛地接触英语语料，更要对学生所接触的语料在难度、接受度和质量上有所把控，不仅能让学生理解，同时又要略高于学生现有的英语水平，这样才能促成学生的英语习得。至于这种“可理解输入”的难易度在实际教学实践中如何掌握，英语教师还应结合各自班级的总体水平、学生的个体差异及自己实际的教学方法来适时调整。

5. 正视母语负迁移错误

大家都明白一个道理，就是教师如果在碰到学生出现错误的时候，可以有一个大概的认知，从根本上找到犯错的原因，然后对于学生所犯的各个原因的错误去找相应的解决办法；抛开这种情况发生，还有一种就是教师有一个鲜明的态度，公平公正地去处理所犯错误，只有这样学生犯错之后才能加以改进。

汉字语言是我们中国人的汉语词汇的总称呼，学生们从小就在大脑里形成了这种与生俱来的汉字语言，就是这样在刚刚学习外语的时候大多数的学生都是利用这种天赋去进行外语创作，也是情有可原的，不怕犯错，恰好可以证明同学们在成长，还有改进的必要，基于老师从原因方面去研究同学犯错的同时，其实更多的是可以增加一些难能可贵的教学，这时就有了与同学相适应的教育方法。大多数学生犯错的缘由无非分为两种性质，第一种是言语上的错误，一般这个原因的错误都是在毫无任何准备无意间出现的，不是想故意这么做的，多数会在日常生活中产生的语言表述和创作里体现出来，应该怎么样去纠正这类错误的产生呢？在这个时候就体现出教师的职责所在了，对大家的关心和状态是不是细心周全，如果有学生犯了错误可不可以及时去改，而且大家也可以去互帮互助，取长补短。第二种是言语表达能力的不正确，一般会出现这种犯错情况的学生往往体现学生的所学并没有真正地吸收，不会学以致用，这是学生在语言学习方面的一大弊端，很多学生根本就不会知道自身存在的不足和缺点，这时教师又需要站出来为学生解决难题了，制定一个可行的有效计划，还要有备选方案，要及时止损，而且教师们也不可以说是为了对大家进行纠正负迁移所产生的影响直接就否定了汉语词汇的积极因素，教师能做的是要学会正确地进行比较，这样才有助于学生一臂之力，在今后的语言学习中的道路才可以更长远。但是不能只是空想，要从实际行动中去改变这种现状，就拿汉字来说，其组成结构，对应的词语意思和语言性质，这都是很大的一门学问。外语也有相应的这些词语该具备的性质，教师可以从这点去入手，增加学生的词语容量，然后因为在语句的方面也分为多种类型，有容易的就有困难的，但是基本形式还是没有什么差别的，这个时候教师就能掌握好分寸去进行更好的学习教学，然后按部就班，加入一些规律的方法，更好地加快学生的学习效率，再也不用为担心学习外语而苦恼。

学习外语的时候，要围绕汉语和英语两种语言的不同特征。学习英语的过程之中，除了必须具有的一些条件，也得相对比较去区分这两种语言的优缺点，能够让学生从别的方面也有个初步的认知，只有这么做才可以做到不放过每一个方面所涉及的知识，让学生掌握相应的规律。汉字语言包含表面意思的汉字，但是要是没有上面和下面的文章联系，同样能理解文中句子的含义，而英语是包含少数字母的组成单词，在不一样的情境中有不一样的表示含义，再就是无论是汉字语言还是外国语言都有主次之分的，而汉字语言是表述意思的文字，它的表现形式是不太轻易被发现的，都是看不到的形式，汉字语言里面也有不少没有主次结构，可能别的词语就能形成一个完整的句子，但是在英语句子当中是有这种主次结构的而且其他的单词也是这样，这也就是这两种语言之间存在的差异，才导致母语迁移对学生产生了这么大的影响。

学生自身的语言因素排除之后，语言迁移的外部原因同样很关键，因为外部原因中还涵盖了其他小部分的原因，要想让学生们在实际操作中能够最大地发挥作用，教师扮演的角色很重要，这实际操作考验的就是学生的学习能力、组织能力、心理能力。在语言学习的同时需要对这个国家的思维和文化加以了解掌握。伴随着国家历史的推进与时代的发展，在民族历史及文化的影响下，人们的思维形成一定的模式。众所周知在思维方式上中西方存在一定的差异性，中国的思维更偏向于形象化，在进行事件描述的过程中多是生动形象的，相较之下，西方思维展现了抽象化的特征，在词汇的运用中有着较多的引申内涵；中国擅长运用曲线思维，在文章阅读的过程中，读者会自行对文章主旨进行推敲，西方则擅长利用直线思维，将事件的原因及结果采用平铺直叙的方式加以表达；与中国统一思维不同，西方习惯采用对立思维方式，前者通常会在文中进行统一观点的阐述，而后者更习惯于对不同观点进行一一列举。面对国内外的语言不同，汉字语言和英语在体现形式中表现力存有区别。意义与文化内涵的差异，会对学生写作习惯产生影响，外国人常常会在阅读出自中国学生之手的英语文章，出现无法理解的现象，同时外国人进行中文撰写时也无法获得中国学生的理解。

对文章语篇进行分析，可以发现汉语语篇采用螺旋式，通常情况下作者会以时间或空间顺序进行撰写，文章结构相对统一，自然而然对故事进行描述，将故事推向高潮，从整体出发，较为注重文章的内容及结果。直线式是在英语写作过程中常被运用的。文章会将写作的重点放在过程的描述及原因的阐释方面，文章的写作目的就是对提出的问题进行解决。

6. 提供最佳课堂语言输入

根据克拉申的理论，输入内容若超出了“i+1”的水平（i 为学生现有的水平，i+1 为略微超出现有水平），便不能被学生理解。若低于 i+1 水平，则输入内容太过简单，学生易失去学习兴趣。只有当教师为学生提供最佳的 i+1 语言输入时，才能更有效促进语言习得。Krashen 列举了最佳语言输入的四个必要条件:（1）能够理解的;（2）有趣的;（3）紧密相关的;（4）大量的。在国内的英语教学中，教师可尽量多用英文授课，为学生创设沉浸式英语语境，给学生提供足量的可理解的英语语言输入，并探索语言输入的有效途径。可借助信息化手段、教学平台多媒体等，在课前、课中、课后为学生提供大量优质的语言输入素材。例如，TED英文演讲视频、BBC纪录片、《老友记》等美国电视剧资源，让学生有大量更地道纯正的语言、内容、文化输入，这对在缺乏真实语境下的英语学习很有帮助。同时，教师还应探索多样有趣的语言输入形式，准确把握知识输入量和课程进度，以确保学生对语言输入的掌握程度。

四、中介语理论

（一）中介语理论的概念

杰罗姆·大卫·塞林格（Jerome David Salinger）于1969年在他的论文“*Language Transfer in Language Learning*”中提出了中介语假说的概念，他也是第一个提出这个概念的人。在1972年，他发表了著名的论文“Inter-language”。在论文中，他注意到第二语言学习者将建立一个依赖于母语的语言系统，这个语言系统介于母语语言系统和目标语言之间，处于不断发展变化的过程中，并逐渐向目的语靠近。他把这种现象称为中介语（Inter-language）。根据塞林格的定义，中介语是学习第二语言特定阶段的语言系统，因此，它是一种特殊的语言。中介语是普遍的和抽象的，它是目标语言的连续体。根据塞林格对中介语的定义，他不仅指出中介语本身是一个双语言系统共存的过程，而且揭示了这是一个庞大的系统，是一个母语到中介语再到目标语言的过程。在这个系统中，目标语言的学习者从他们的母语起步，然后经历了跨语言的过程，最后达到了目标语言的标准。虽然塞林格认为大多数学习者在到达目标语言之前可能会遇到僵化现象，但他坚定地认为，如果学习者想要掌握目标语言，他们必须经历中介语言的过程，这也是学习第二语言的必要过程。

（二）中介语的特征

结合中外学者对中介语理论的研究，发现中介语有如下几个特征。

1. 可渗透性

语言系统是不断发展和变化的，语言的这一特性也决定了中介语系统具有发展变化的特点。学习者在新知识的学习过程中，将新知识内容与已有知识不断融合，并且系统化，这样不仅能完善已有的知识内容，找出并纠正其中的不足之处，而且能够建立形成目标语言的完整系统结构，这也表现为目标语言规则的泛化及母语知识内容向中介语的渗透。

2. 多变性

“多变性”主要体现在两个方面：第一，自由变异。“自由变异”是指在学习过程中把母语系统和目标语言系统混用，这种混用具有不规则性，也就是所谓的“母语迁移”。第二，系统变异。“系统变异”是指学习者在学习目标语言的过程中对目标语言规则的选择和使用在某一特定阶段具有规律性，而且相对稳定，这就是“目的语规则的过度泛化”。

3. 系统性

中介语同其他语言一样，具有语言的语素，如读音、词汇、语法、句法等。但是中介语的语素与母语和目标语言相似，但是又区别于母语和目标语言。

4. 反复性

中介语系统是在目标语言学习过程中建立起来的，随着目标语言的不断学习，中介语系统会不断向目标语言靠近，而在靠近过程中，中介语会不断地进行调整和修正，这样又会产生反复性。

5. 石化性

石化性又称“僵化性”，是中介语研究过程中的一项重要特性，石化是指在目标语言学习过程中，错误反复不断地出现，或者学习者处于停滞不前的状态。尽管中介语在不断地学习过程中会不断向目标语言靠近，但是有一些深植于学习者思维中的错误很难被根除、改变，这使得学习者的学习状态原地踏步。

五、符号互动理论

（一）符号互动理论的相关概述

1. 社会互动理论的概述

社会互动，也称为社会之间的相互作用或社会性交往，是个体对他人采取社会行动并对他人的社会行动做出反应的过程，即我们不断自我意识到自己的行为对别人的影响，反过来别人的期望也会影响到自己的大部分行为。社会互动必须要有两个或两个以上的互动主体，能促进对自我的认识，满足行动者的需要。本文中的社会互动特指指互动主体之间面对面（显性）的互动。德国社会学家格奥尔格·齐美尔（Georg Simmel）被认为是欧洲第一位互动理论家。他认为社会不是个人的总和，而是通过互动联系在一起的若干人的总称，社会互动是社会存在的基本形式。

社会互动，可简称互动，是指人们以相互交流的方式对他人采取行动或回应他人的行动。它包括向教师问好、教师询问学生对知识点的理解等。社会互动理论是西方社会理论中一个重要流派，是对许多内容相关、关系又比较松散的理论的统称。

符号互动论的创始人乔治·赫伯特·米德（George Herbert Mead）认为符号是进行社会交往活动的基础。人与人之间可以通过符号进行互动，在与他人的互动过程中形成自己的意识，理解他人的行为。人的语言、动作、文字等都是一种互动的符号，代表着人们在互动中的某种意义。拟剧论的倡导者是美国社会学家欧文·戈夫曼（Erving Goffman），他认为社会是一个舞台，每个社会成员都扮演着一个角色，在不同的场合他们扮演着不同的角色来适应互动环境的变化。社会交换论的代表人物是霍曼斯（GC Homans）和彼得·布劳（PM Blau），他们把人们之间的互动看作是交换行为，是人们交换报仇和惩罚的互动过程。

符号互动理论、角色理论、社会交换理论等都属于社会互动理论的范畴。它们都对人们的社会互动和交往十分关注，通过互动感知对方对自身的反馈，从而形成自我意识，确定自身角色，实现社会化。

社会互动可应用的领域十分宽泛，在经济学、心理学、社会学、教育学、医学等都有一定程度的影响。从查阅的资料来看，目前已有的研究成果主要集中在经济学的方面。在社会学方面的研究也主要集中在教育界，学者们主要运用社会互动理论来研究各科的教学活动、教师之间的合作等。符号互动论、戏剧论、角色互动论、社会交换论等都属于社会互动理论的范围，这些理论对于促进学生的思想政治教育有一定的借鉴意义。符号互动论对于教育者与教育对象之间如何通过对符号及情景的解释与理解达成互识和共识：戏剧理论主要指导教育者在教育过程中如何处理“前台”与“后台”，管理好自身的形象；角色理论用于如何建立起教育者与受教育者之间的角色关系。从社会互动理论视角出发，教师之间充分地互动合作可以达到资源共享、丰富教师教学技能和经验的目的。对此有学者从社会互动理论出发，分析了影响英语教师专业发展的因素后，根据社会互动理论，认为在英语教学中不同主体间的互动在不同程度上影响着教师专业的发展，因此，教师的教学应该在互助合作中开展。

综上来看，社会互动理论内涵丰富，在许多地方得到广泛应用，具备很强的实践性。人一出生就进入交往的世界，学习与成长发生在与他人的互动交往中，学习不仅需要认知上的参与，还需要身心上的参与，要充分了解个人互动的目的、需求和参与互动的对象。

2. 符号互动理论的概述

互动理论产生于20世纪30年代的美国，由乔治·赫伯特·米德及其学生赫伯特·布鲁默（Herbert Blumer）创立，在《心灵、自我与社会》中充分表达和呈现他关于符号互动的思想，在此之后，他的弟子布鲁默于1973年正式将其命名为符号互动理论，简称互动理论。

（1）互动理论的初创

受到新达尔文主义、行为主义和实用主义思想的影响，米德提出了互动理论的两个假设：一是人类生理上存在的脆弱迫使他们进行互动，以求合作生产；二是那些有利于个体和个体内部之间的互动和合作的行为会保留下来。不论是心灵，还是自我和社会都是互动的结果，都具有社会意义。米德的互动理论主要有以下观点。

①心灵。在论述心灵（mind）上，米德提出了一个对应概念——姿态（gesture），我们可以把它理解为任何外在的行为表现，它既包括有声的姿态——语音，也包括无声的姿态——肢体动作，一种最基本的沟通方式，是心智（心灵）形成的基础。同时米德认为那些有意义的姿态，一定是能引起大家共鸣的。心智或心灵，也就是人的思维，从婴儿期就开始产生和发展，通过与周围的环境进行姿态交流，从无意识地选择与接受，到逐渐地自我筛选，把外在的姿态逐步内化，这种内化的姿态就是有意义的符号，心智也就会不断发展成熟。当有机体发展了常规姿态的能力，就有了想象预演各种方案的思维，也就有了扮演其他角色的能力。

②自我论。自我论的概念来自威廉·詹姆斯（William James）的“自我概念”和查尔斯·霍顿·库利（Charles Horton Cooley）的“镜中我”思想。詹姆斯认为自我伴随着经验情景不断发展形成，由此形成自我的意识、精神思想都是社会性行为。库利的“镜中我”则是把周围的人当成一面镜子，从他人的评价中了解自我、获得自我认知。有机体在社会环境中，通过角色扮演和价值交流，获得自我经验，形成自我意识。在意识经验和社会经验的条件下，米德将“自我”分为主我（I）和客我（Me），人便有了思维着的“我”和被思维着的“我”，主我是个体行动的动力系统，是对符号或他人反应的认知，进而规划出自我的应对反应；客我是行动的方向系统，是自我的社会反面，对自我的认知和反应进行回顾和反思，预测未来结果。

③社会论。社会是由社会成员互动所构成的网络，体现了主体之间规律性的互动，并孕育出自我。社会与自我的形成具有以下关系：第一，社会的个体基

础——反思，人类可以依靠语音等特征进行交流和反思，完成自我经验的刻画。第二，社会的组织基础——交往，在交往中，通过“镜中我”遐想他人的态度，扮演他人的角色，以此来调节自己的行为，使交往获得价值和意义。第三，社会的制度基础——理解，生活在同一套体制下的人们共享一套价值标准，它决定着个体在与周围环境互动中感受性，是全体成员一种共同的反应。

米德的互动论以心灵、自我和社会为论述对象，探讨了姿态在三者形成、变化中所起的作用。可以简单地概括为：心灵的本质是生理冲动与理智反应间的互动；自我的本质是主我与客我的互动；社会的本质是自我与他人的互动。

（2）互动理论的形成

布鲁默在继承米德观点的基础上发展出强调社会的可变性和突变性的符号互动论——芝加哥学派。在《符号互动论：观点与方法》中他认为人们可以把一切客观的事物和主观意识进行符号化处理，转化为特殊的符号用作交流，在社会活动中保持稳固的交往模式。符号扩充了姿态的概念内涵，它包括语言、文字、动作、物品甚至场景。

布鲁默曾用 3 个基本原理对符号互动进行了概括和总结：人基于对客观事物所赋予的意义来决定我们所采取的行动；赋予事物的何种意义源自社会互动；在任何情景下，我们都要经历“和自己对话”来做内部解释，即给这个环境确定一个意义并决定采取何种行动。布鲁姆的符号观点主要包括以下几点。

①人类是符号的使用者。人与动物的本质区别就是人类具有制造和使用符号的能力，可以且能用一个个符号来象征客观事物、思维及所经历的事物，并以此进行交往。首先，符号是约定俗成的，在相同的文化体制下，彼此间具有相同的符号编码体制，即情景定义的一致性。其次，符号是有意义的，因为它是彼此交流的媒介，如果未能引起彼此间的互动，那这个事物就没有意义，也不能称为符号。最后，符号一定是可以感觉到的，我们甚至可以看到、听到它的存在。

②符号性交往。人们在日常的生产生活中可以通过符号进行相互沟通，这些符号不仅包括词汇和语音符号，还有那些可以相互理解的面部表情、身体动作和其他象征性姿态。

③互动和角色领会。只有真正感受和理解他人的角色，在思维中读懂他人的姿态，互动才可能真正发生，也才算有意义的交往。

④互动、人类和社会。社会的互动使得人类成为独特的种类，也正是因为人类在发展中获得了能力，产生了互动，才使得社会成为可能。

在符号互动理论中，符号存在于社会生活的方方面面。个人的一个简单动作都是一种符号的表现，因为当我们进行动作时，都是想要表达自己当下的见解或感受，我们需要通过符号进行表达，让别人理解以达到相互沟通的目的。有些符号是约定俗成的，可以在人类社会中通用，同时人类也可以创造符号，使用这些符号进行交流与沟通。人的每种行为都有其内在含义，同样，表示行为的每种符号也有意义，要对符号进行解释就必须对其意义进行理解。但符号的意义是在不断变化的，在不同的背景和环境中，同一种行为所表达的意义不一定相同，同时在另一层面上，对符号意义的解释还有赖于互动的双方，在双方不断协商与交流中确定。因此，这一过程是动态的，它通过双方的互动不断地发生变化，是一个研究和分析人与人之间、人与社会之间的关系的理论，在这一理论中，每一个因素都是在不断变化的。人与人之间的关系、人与周围社会环境的关系都是在相互影响的过程中不断变化和成长的。每一个个体对符号的理解不是一个被动的反应过程，而是随着环境的变化，不断对环境进行“情境定义”，会不断修改环境在内心的定义，并且不断完善自我，对自我进行构建的主动过程。在一个情境下，人与人在互动的过程中，对它包含的内容、形式、目标等形成自己的理解，这就是托马斯（Thomas）提出的“情境定义”（the Definition of the Situation）。因此，“情境定义”是一种动态的理解和认识的过程，是个体对所处环境的反应，个体会对环境情境拥有自己的定义。

从符号互动理论视角看，文化是人类创造的各种不同符号，人们通过这种符号来表达不同的行为意义。符号也因此成为人类“交往的中介”，在不同符号下产生了不同文化背景的个体，不同符号背景下的人们会在交往中相互影响。在这一过程中符号的意义尤其重要，如果其意义不能引起互动双方的共鸣，情境就没有存在的必要，同样，如果没有营造合适的情境，符号的意义会被削减，也无法达到交际的目的。

（二）基于符号互动理论的教学互动类型

教学的本质就是一个互动过程，教师的教和学生的学构成了教学的双边活动，在这种活动中既有主体自我间的互动，又有主体之间的互动。具体如下。

1. 师生互动

课堂教学为师生的互动提供了舞台，师生之间通过符号进行互动交流，良好的师生互动对增强学生学习动机、实现有效教学具有重要意义。这里将基于斯莱文的 QAIT 有效教学课堂的互动进行剖析（图 1-2-1）。

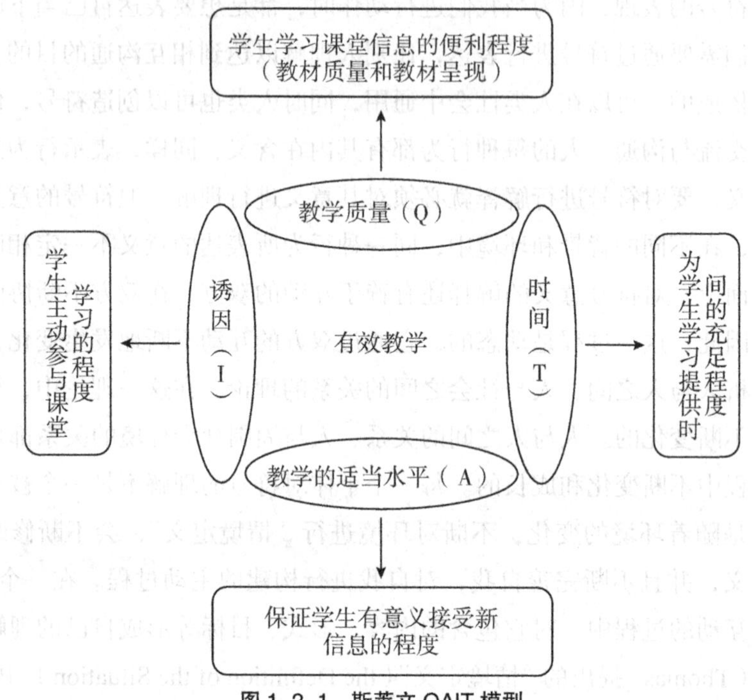

图 1-2-1 斯莱文 QAIT 模型

从模型中可以看出，在教学这个双边互动的过程中，是教师在后台上先进行主客我的互动，再根据课堂情境（如教学质量、时间安排等），及时调整和展现自己的“演出”，为学生展现“舞台剧”。同时，学生做好课前准备（如必要的教学适当性、学习态度等），并根据情境进行自我互动，做出选择。如果两者直接的抉择有很大相似性，那么我们才能认为这是一次比较成功的互动，才能实现有效教学。

2. 生生互动

学生除与教师互动获得成长外，还有与其他学生间的沟通互动，彼此间相互学习和交流，构建和谐的校园环境。首先，学生不是空着脑袋走进教室的，每个学生在其成长的背景环境中构建了一定自我的知识观念、思维方式和行为态度等。学生之间通过互动，倾听他人对同一个问题的看法，并加以判定，有助于保持思维的灵活性和多元性。其次，学生之间的差异可以形成一种外在的动力机制，充分发挥优秀学生的榜样作用，可以见贤思齐。最后，生生互动可以增加彼此间的了解，在交往中，通过“镜中的自我”假想他人的态度和行为，产生共情，有利于创建和谐的人际关系，为学习创造良好的校园环境，为学生学业成就的达成创造环境。

3. 教师的主客我互动

为了实现有效的教学，教师必须将客我所要求的教学成果，如教学目标、课时目标转化为学生的学习成果，同时考虑到学生知识技能的储备和教学环境，这个转化过程需要主我进行回答。正如理论流派拟据理论大师欧文·戈夫曼所强调的，每位成员都是社会舞台剧的一员，为了戏剧的演出和把自己的角色形象树立起来，都有一个后台准备阶段。为了准备这一次的“演出”教师需要备课，在备教材上，首先主我进行计划和安排，教师领会课本的知识符号，转化为自我经验；在备学生（进行学情者分析）上，考虑到学生可能的理解和反应，安排教学过程。在真正的教学实施中，教师将符号传递给学生，并根据学生的生成性随时进行主我与客我之间的互动，调整教学策略，以谋求学生最大程度的获得感。最后，还离不开教师的教学反思，客我对这个教学环节进行回顾和评估，教师在教育教学过程中所积累的与教育教学情境相关的实践性知识离不开教师对自身教学经历的反思，这样才能形成教师的专业发展。

4. 学生的主客我互动

学生的主客我互动和教师的主客我互动类似，学生也会需要主客我的互动在“后台”准备“前台”将要表演的内容和对所演出的结果进行监控。在上课之前，教师都会要求学生先自我预习一遍，了解有关内容，做好有意义接受学习的准备。在课堂中，主我根据教师在课堂的知识呈现，不断内化外在的符号，形成自我的认知结构。课后，学生还需要通过客我进行知识点的巩固，以便查漏补缺。

（三）符号互动理论在英语直观教学中的应用

在英语课堂直观教学创新研究中，要通过符号互动理论找准英语课堂互动符号与直观教学的结合点，将语言符号、情境符号、事物符号及模像符号等应用到英语直观教学的全过程中，实现对学生直观素养的全面培养。

1. 创设生动激趣的教学氛围

语言是师生课堂互动中的基础符号，也是教学中最为关键、最易成型的符号体系。课堂直观教学的关键在于教师与学生之间的语言互动，无论是教师向学生提问，还是对教学内容的直观讲解，都需要借助语言符号来实现。一方面，教师的语言能够将抽象的教学内容进行直观化的转变。另一方面，教师对语言的使用也直接影响了英语课堂教学的效果。对于学生来讲，师生互动的关键在于与教师心理距离的拉近，而语言作为一种互动符号能够拉近师生之间的距离，从而促进课堂直观教学效果的提升。在具体的实践过程中，教师可以利用一些网络语言对教学内容进行直观的讲解，在激发学生学习兴趣的同时，也能够帮助学生加强直观理解，促进直观教学的有效发生。

2. 构建多向互动的内容认识

构建学习情境，以直观的认识促进学生对课堂知识的理解，是课堂直观教学创新的重要表现，也是符号互动理论中教学媒介符号使用的方向。一般来讲，学习情境的直观使用能够促使教师生动、形象地传授知识，从而帮助学生形成直观的认识。在具体的教学实践中，首先，教师可以通过情境导入引出教学主题，这一引入方式需要依靠符号互动理论触发学生对情境符号的认识和了解，从而发现情境背后知识的共性。其次，要通过情境来表明概念，加深学生的观念认知。概念是知识形成的基础，在此过程中，构建情境能够顺应学生从感性到理性、从抽象到直观的思维规律，从而强化直观教学的进一步创新。最后，要通过学习情境帮助学生解决难题，培养学生的直观思维。在师生互动的过程中，情境作为基础的教学符号能够帮助教师有效引导和启发学生思维，在情境的开展过程中，教师可以了解学生的疑问并进行解答，帮助学生了解知识的本质，从而实现英语课堂教学的价值生成，促使教学的有效创新。

3. 深化教学内容的全面理解

课堂是一种符号环境，由各种符号组成，并能够形成一定的社会意义。实物作为一种直观符号，能够促进师生之间以符号为媒介的社会互动过程的发生。尤其是在信息社会，英语课堂教学中多媒体技术的应用能够直接作为实物的直观表现，将各种各样的实物以图片、视频等形式展现在学生面前，推动学生直观理解行为发生，对于培养学生的创新精神和实践能力具有重要的价值，也是对课堂直观教学呈现方式的创新。英语课堂教学不同于生活教育的一个典型特点就是其形象生动性有所欠缺，要在直观教学中突出解决这一问题，就要利用好学生的想象力，进行视觉、听觉、触觉刺激，运用具有显著形象特征、触觉特点的实物作为教学辅助工具，使教学符号具象化，成为学生喜闻乐见且愿意主动研究的事物，以提高教学成效。

4. 突破抽象思维的现实阻碍

模型能够作为媒介符号影响师生的互动行为，进而促进直观教学的创新。在课堂直观教学中，模型能够引发学生的直观思考。直观手段的运用需要与教师语言符号进行密切的结合。学生抽象思维在直观符号的影响下能够进行有效的转变。

对模型的有效观察和教师的有效引导，不仅能够帮助学生把握事物和知识的基本特征，进而形成内在的思维联系，获得感性和理性双层认知，突破抽象思维的现实阻碍，还能够帮助学生对课堂符号有全面的了解和认识，进一步深化师生互动的过程，从而保障课堂直观教学效果的提升。在现实教学中，不能将学生的符号认知简单地固定为某一模式，而是需要充分运用图像和文字等多种元素，灵活处理符合与教学的关系，在互补、替代、映射等多种场景应用中进行知识的直观教学。这就要求教育工作者在教学设计阶段就要进行多种教学方案的制定，以确保不同教学内容针对不同教学对象，有多种教学方案可供选择。

六、活动理论

（一）活动理论的相关概述

1. 活动的定义与分类

在研究具体的英语学习活动前，首先对活动的定义及分类有一个清晰的、正确的认识。根据心理学的活动理论，所谓“活动”，是由动机所激发、目的所引导的动作的总和。动作总是具有一定的对象性，是由动机引起的，而非目的。具体而言，动机是动作的缘由，目的是动作指向的方向或者目标。关于活动的分类，一般有两种分类标准：一是按照活动对象的不同特点，可以分为外部活动与内部活动。外部活动即个体与客体世界接触的实践活动，内部活动包括感知活动、记忆活动、思维活动、意志活动等在内的个体心理活动。二是按照活动指向目标的新颖程度，可以分为学习活动、创造活动和创造性活动三种。学习活动是为掌握人类积累下来的知识、经验、技能而进行的活动，个体在学习活动中实现由未知到已知，是一种把人类创造的知识变成自己财富的再现性活动；创造活动是提供首创的、新颖的，又具有社会价值产物的活动，包括新发现、新产品、新模式等；创造性活动是介于学习活动与创造活动两者之间的活动。

2. 活动理论的形成

活动理论的哲学根源最早可以追溯到19世纪黑格尔的古典哲学与辩证唯物主义。1922年鲁宾斯坦（Rubinstein）将“活动”概念引用到心理学中之后，Vygotsky和Leontiev等人逐步完善该理论。1987年，芬兰学者Engestrom对Vygotsky之后的活动理论进行了研究和发展，并将活动理论分为三代，形成了比较完整的理论体系。

（1）第一代活动理论：以 Vygotsky 为代表

Vygotsky（1978）以马克思辩证唯物主义认识论为基础建立了一套新的心理学范式及第一代活动理论。第一代活动理论的核心是中介思想，主要关注人的高级心理机能的发展。

第一代中他只提出了活动的重要思想——中介，理论体系并不完善，而且研究的对象仅关注个体，并没有分析主体与主体之外的其他成员的关系。

（2）第二代活动理论：Leontiev 进一步发展

继 Vygotsky 之后，他的学生 Leontiev 成为活动理论研究的领导者。Leontiev 进一步发展了活动理论，他承继了 Vygotsky 活动理论的工具中介作用，发展了他关于个体在活动理论中的主体性作用，将共同体考虑在活动理论之中，纳入社会层面的中介体，从而第二代活动理论就此形成。与第一代活动理论相比，第二代活动理论更加强调活动主体与其他社会成员之间的互动关系。虽然第二代活动理论在分析主体活动时，考虑主体所处的共同体及活动体系中的其他要素对主体可能产生的影响，但忽略了主体身处多种活动体系的可能性及主体内部多种因素的相互作用。这一不足在第三代活动理论中得到解决。

（3）第三代活动理论：Engestrom 的贡献

在 Leontiev 的基础上，Engestrom 创建了第三代活动理论（图 1-2-2），将活动体系置于整个社会情境中，强调多个活动系统之间可能发生的互动，从而克服了第二代活动理论的不足。

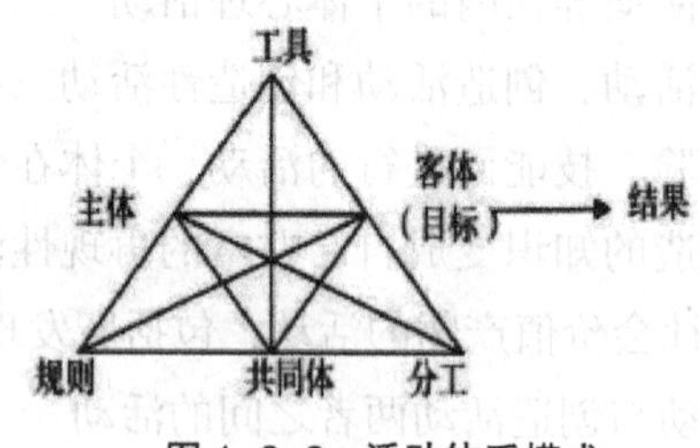

图 1-2-2　活动体系模式

Engestrom 总结的活动理论中有七个重要的要素，包括主体、客体、中介工具、规则、共同体、劳动分工和结果，此活动模型的可行性比较强。基于此，活动理论作为一种适用于跨领域研究的具有方法论意义的工具，对于哲学、心理学等各个学科的研究都产生重要的意义。

3. *活动系统的构成要素*

在 Engestrom 和 Leontiev 的基础上，Jams P.Lantolf 对活动理论进行了完善，

提出活动系统中有六个相互联系的要素，包括主体、客体、中介工具、规则、共同体、劳动分工。

（1）主体。主体是指在完成目标活动过程中的具体行动者和操作者。在活动系统中处于中心地位。在英语课堂中，学生是学习的主体，教师进行教学设计要充分考虑学生的具体情况，使学生积极参与课堂活动，充分发挥学生的主体性。

（2）客体。客体是指主体活动的对象。客体的转变都是为了帮助主体达到活动的特定目的。就客体而言，它是学生作用的对象，是学生的学习目标，是教学活动完成后教师期望学生掌握的知识或技能等。

（3）共同体。共同体是指活动系统参与者的集合体。既包括家庭关系，也包含师生关系、学习小组成员关系等，这都会影响学生的学习。对学生来说，群体可以是学习小组，也可以是整个班级。

（4）中介工具。中介工具是辅助主体将客体转化为最终结果的过程中所使用的东西。工具起着连接主、客体的作用，同时主体可以能动地改造和发展中介工具。就中介工具而言，除了课堂中学生所使用的教材，教学过程中所使用的多媒体等多种资源，也会对学生获得知识产生影响。

（5）规则。规则是主体与共同体进行交互的中介，是活动系统中诸多行为规范和行动准则。这主要体现为在课堂中制定合理的课堂纪律来规范学生的行为，还体现为学生在进行活动时设定的规则。

（6）劳动分工。劳动分工是活动系统中共同体与客体之间的一种中介。在课堂中尤其要重点强调劳动分工，教师要让学生意识到学生自身才是学习的主体。教师对课堂的控制不应过多，使学生在课堂中扮演不同的角色，明确劳动分工，充分调动学生学习的积极性，激发学生的学习动机。

（二）活动理论在英语教学中的活动原理

活动的共同结构主要有三个层次：一是个别的（独特的）活动——以激发它的动机为标准；二是动作——自觉服从于目的的过程；三是操作——直接取决于达到具体目的的条件。三个层次又可以划分为三个单位——活动、动作、操作，三个单位又一一与动机、目的、目标具体化相对应。这既形象地表现了三个单位之间的关系，又揭示了内部活动与外部活动之间的共同结构。

1. 英语学习活动观

学习活动观是开展英语教学活动时的一种认知，学习活动必须有意识地促进学生语言技能的发展及认知能力的发展，并在此过程中，形成正确的价值观。学习活动是再现人类以往创造的知识的活动。当个体再现人类知识时，总是带有个体的一些特点，这其中就包括某种新颖、独特的因素，因而也就包括一定程度的创造成分。

英语学习活动观，以主题意义为引领，通过学习理解类活动、应用实践类活动、迁移创新类活动，在学生已有知识的基础上，依托多模态语篇承载的情境，在分析与解决问题的过程中，不断提升学生的语言知识与技能，形成判断推理能力，掌握学习策略，实现从浅层学习到深度学习再到迁移创新学习，并在此过程中，不断增强自身的语言能力，强化文化意识，提升整体思维品质，最终提高自身包括英语在内的其他学科的学习能力。

2. 内外部活动方式

列昂捷夫认为，内外部活动结合的原则或规律在于，总是准确地沿着所描绘结构的接缝处进行的。结构的接缝处是指两种活动的转换点。英语学习活动观以主题语境、语篇类型、语言知识、文化知识、语言技能和学习策略为整合点，结合内外活动的共同结构，并根据结构的接缝处进行融合，立足主题意义，依托多模态语篇，有机统整相关知识，采用听、说、读、写、看等一体交融互动的学习方式，引导学生在感知与注意、获取与梳理、概括与整合的理解类活动中感受基础知识，再通过描述阐释、分析判断、内化运用的应用类活动学会技能，最后在推理论证、批判评价、想象创造的迁移类活动中，促使学生生成创造性思维。整个过程将内外部活动打通，有效促进了学生学科核心素养的形成和发展。

第三节　英语教学现状分析

一、我国英语教学存在的问题

（一）教学内容相对单一

在教育、科技、社会共同发展的情况之下，实际的大学英语教学也随之产生了一系列的变化。但在课堂教学时，仍有部分教师无法摆脱固有的课堂教学思想和应试教育思想的限制，其课堂教学更加偏向于理论。大多是根据教材所呈现的内容进行设计和规划，没有结合多媒体网络环境对其进行整合与创新，这就导致了英语课堂教学枯燥而乏味，难以更好地满足学生趋于综合化、个性化、趣味化的学习需求。有的教师利用了多媒体网络途径获取相应的教学资源，但更多的是以自身的经验和专业教学目标为主进行渗透，没有从学生层次水平和专业特点出发进行整合，也没有科学地利用多媒体网络资源，这就导致了教学内容缺乏吸引力和趣味性。

（二）教学方法较为滞后

在新课改和素质教育不断深入的情况之下，大学也根据实际要求进行了多媒体网络技术和信息技术的引入，以此为重要手段开展英语课堂教学。但部分教师本身的信息素养较为有限，对多媒体网络环境的认识较为浅薄，难以很好地把握课堂教学和现代化教学技术的衔接点。部分教师为了能更好地完成教学任务，会利用多媒体网络手段，花费大量时间进行相关内容的分析和讲解。且有的教师为了使英语课堂教学更具多媒体网络特性和特色，会过多地引入相关的教学资源，没有根据学生的学习动态和实际情况进行针对性的指导，这就导致了实际的英语课堂氛围看似活跃，但学生很容易混淆英语教学主次。且有的教师所使用的多媒体网络教学方法较为单一，没有将其和现代化的教学方式进行有效融合，这将会使当下的大学英语教学效果大打折扣。

（三）师生比例存在失衡

在中国高等教育的扩招过程中，地方是高等教育大众化的承担主体，因此，地方院校的师生比例随着学生人数的扩大相应地降低，作为公共基础课的大学英语，师生比例则更低。大学英语一般都采用大班授课的模式，一个教学班通常有五六十名学生，甚至更多。由于班级容量过大，教师无法顾及每个学生的学习需求，也很难开展有效的课堂活动或进行良好的师生互动。这些因素大大降低了英语课堂的教学效果，使学生失去了对英语学习的热情和兴趣。此外，大班授课繁重的教学任务使英语教师精疲力竭，很难有时间和精力潜心从事教学研究，改善课堂教学效果，这也是影响英语课教学效果的一个重要原因。

二、我国英语教学面临的挑战

（一）认识不足带来的挑战

现阶段，在英语教学中首先需要面对认识不足带来的挑战。长期处在应试教育环境中，使得学生对实践能力培养问题认识不足。而目前英语教学将学生能力培养当成是教学重点，在学生并不了解应该具备何种能力的情况下，学生容易对英语教学产生排斥心理。因为对于非英语专业学生来讲，以往英语教学以通过大学英语四、六级考试为目标，学生拥有明确目的性，将英语单词、语法等内容的学习当成是重点，未能认识到英语口语、听力等能力培养的重要性。受应付考试学习心态的影响，学生在面对英语能力培养时，可能产生英语教学缺乏实用性的错误认识，以至于在英语课堂上做与教学无关的事情，甚至出现逃课等问题，导致英语教学无法取得理想效果。

（二）模式兼容带来的挑战

英语教学主要采用“灌输式”教学模式，教师是英语课堂主导者，学生习惯于被动接受知识。实际上，长时间以来中国学生都习惯于接受知识灌输，在课堂教学中缺乏主动性、积极性，而当今英语教学目标要求学生发挥主动性和创造性。另外，运用新型教学模式开展英语教学容易出现与传统教学模式不兼容的问题，导致学生难以适应。比较传统英语教学模式和新型教学模式可以发现，传统教学侧重于理论讲解，教师将为学生提供知识框架。在新型教学模式中，教师将学生发展看成是第一位，需要对学生知识应用能力进行培养，通过互动讨论实现教学相长。对反差较大的英语教学模式进行融合，显然将给教师开展教学带来一定挑战，需要采用不同于过去的教学方法以便使学生的积极性得到调动。

（三）文化差异带来的挑战

为了让学生获得更纯正更原始的英语语言能力，部分高校在英语课程中逐渐以外教为主。但是在外教和中国学生之间，想要顺利沟通还要克服文化差异带来的挑战。相较于本土教师，外教显然不了解中国学生英语学习特点，无法全面把握学生英语水平，采用全英文与学生沟通显然将遭遇困难。而教师和学生拥有不同的文化背景，使得双方在理解同一问题时将产生思想偏差，想要理解对方思维也存在一定难度。外教习惯于像朋友一样与学生沟通，但中国学生习惯于接受教师教导，使得课堂教学中容易出现外教提出问题无学生主动回答的情况，导致外教只能反复进行问题的描述。在对学生进行评论时，外教表达也相对直接，容易引起学生抵触。因此，受文化差异的影响，容易造成英语教学效果大打折扣。

三、我国英语教学的应对措施

（一）创新英语教学方法

只有教学方法得到不断创新，才能够在更好地调动学生英语学习积极性的基础上，更好地提升教学成效。对于英语教学方法的创新而言，首先应该重点关注多媒体技术的灵活运用，教师应该避免直接拿来现成的多媒体课件应用，而是根据教学目标及教学内容，自行设计多媒体课件，以此更好地完成自身教学任务，发挥多媒体技术的辅助教学效果。因为只有教师执行制作的多媒体课件，才能够更好地契合高职学生英语学习特点，促使上述教学内容和教学任务得到优化落实，避免教育教学活动流于形式，同时最大程度上发挥多媒体教学手段的应用价值。此外，为了促使学生对于英语知识的掌握更为理想，具备学以致用效果，教师同样也需要积极引入一些实用型教学方法，比如情境教学法及项目教学法等，都可以灵活设置运用。教师可以结合教学内容和目标，为学生设置相匹配的教学情境，然后让学生在相应情境下展开英语知识和技能的学习，并且同时学以致用，可以和自身专业相结合，最终更好地提升英语教学价值。比如在“How to Answer Questions in an Interview”教学中，教师就可以直接营造面试场景，让学生在面试中进行模拟英语回答，以此增强其英语技能。

（二）课堂导入多样化

1. 问题导入法

在学生开始英语学习前，教师可提及一到两个问题，问题往往与学习内容有一定的关联性，引导学生对这些问题进行分组讨论，邀请部分学生在课堂上与全班学生进行分享，潜意识中学生对学习主题有一个预测，然后教师引入学习内容，进行下一步的教学。

2. 图片导入法

教师在课前向学生展示一些与学习内容有关的图片，引导学生观察图片，讨论后，邀请学生分享对图片的描述及感想，激发学生对图片产生兴趣，进而引出所要学习的内容。

3. 音乐导入法

课前播放一段音乐或英文歌曲，吸引学生的注意力，同时可以提供英文歌词，引导学生随音乐一同歌唱，让学生身心都进入一个良好的状态，更利于后面的英语教学。

4. 视频导入法

课前播放一些英文演讲、脱口秀、动画或影视片段等，学生可以听到原汁原味的英文，并了解外国的本土文化，然后引出学习内容。

5. 复习导入法

复习旧知，导入新知。采用的方式主要有听写上节课学习的单词和短语，做练习题，以及知识再现等，可以有效巩固前面所学习的知识。

6. 日常话题导入法

教师引入简单的日常话题，如天气、业余爱好、购物、旅行、运动、餐饮、最近的新闻等，师生进行简单的交流，再引入学习内容。

7. 背景知识导入法

教师搜集一些与学习内容涉及的社会、政治、文化、经济、自然环境的知识，介绍给学生，以填补逻辑空白，帮助学生能更好地理解学习内容。

以上多种课堂导入法并不是随意使用，需要遵循一定的原则。

首先，遵循相关性原则。课堂导入要与教学内容相关联，符合教学目标的要求，要与学习内容有较大的关联，能够使学生预测到学习的主题，能起到帮助学生进行下一步的学习。

其次，遵循趣味性原则。当代学生都对新颖的、有趣的内容感兴趣，所以课堂导入应该兼具一定的趣味性，在课堂开始的时候吸引学生的注意力，激发学生的好奇心，让其在轻松愉悦的氛围中开展课堂导入活动，调动学生的主观能动性，这样学习起来才事半功倍。

再次，遵循启发性原则。我们需要培养的是有思维的、有创造力的学生，所以在教学中注意采用启发式教学特别重要。是否具有启发性，也是衡量课堂导入的一个标准。课堂导入中，创设合理的情境，引导学生积极思考和想象，与伙伴自由交谈，分享自己的观点，培养学生的思维能力和创造能力。

最后，遵循切实可行性原则。在教学中必须对教学对象充分的了解，才能设计出切实可行的课堂导入。学生的年龄、性别、性格、家庭状况和生活经验等都是在设计课堂导入时需要考虑的因素。

（三）加强师资队伍建设

大学英语教师的专业技能与英语教学水平密切相关。对此，高水平的英语教师能有效地发展更多的技能和应用英语技能。英语教师的素质涵盖了广泛的内容。评估大学英语教师是否合格的重要标准之一是教师是否具有丰富的教学经验和专业技能。因此，英语教师除了要具备丰富的专业知识，还要精炼专业技能并科学合理地利用空闲时间提高业务水平，关注不断更新本专业的学科前沿信息，不断地提升本学科的技能水平，不断自我提高和反思课堂教学。例如，在英语课上，英语教师首先可以帮助学生将英语学习分为不同阶段，然后根据每个学生的英语阶段完成情况设定不同的英语学习目标。当学生成功完成英语学习目标的第一阶段时，教师应将实际情况参考到随后的英语课程当中，然后根据预先计划的课程进行学生课堂学习的指导工作，使下一个阶段的学习进程更加专业和系统。再比如，英语教师可以在英语课程中增加相关的课堂实践实习环节，或者聘请在国内外享有盛名，或在英语教育行业具有影响力的著名专家和学者，在学校进行研讨会和讲座；同时，学校可以根据实际需要适当增加大学英语教师的培训和继续教育费用，并鼓励教师不断提升英语学习水平。学校还可以结合大学英语教师的综合表现，对英语教学中表现出色的教师给予一定的物质奖励和荣誉学位，从而调动英语教师在教学当中的责任心和积极性。只有这样，通过有效的人才机制，才能促进更多合格和杰出的英语优秀人才不断涌现。

（四）合理整合教学资源

合理整合教学资源，进一步拓展教学内容。在当前“互联网+”背景下，网络环境的特点让教学资源、教学模式的构建更加发散和开拓，因此，要让学生在英语学习中获得实质性的收获，则需要为学生提供丰富的教学资源。教师应利用移动智能技术，为学生提供自主获取学习资源的机会，引导学生利用平台查找相关的学习资料，并定期分享优秀的教学视频，以供学生学习需要。此外，教师还可以进一步拓展教学内容，利用评改平台引导学生更好地实现英语学习的阅读和评价，以拓展教学资源范围，为学生自主学习创造条件。

在大学英语教学中，教师应借助多种教学资源，提升学生英语水平，帮助学生端正学习态度，提高自主与合作学习能力，促进大学英语课程教学的有效开展。

（五）定位教师自身角色

在当前英语教学中，英语教师要对自身角色定位重新认识，并且不断地结合实践教学，从以下三个方面，不断实现自身的全面发展。

1. 不断提高教师的思想政治素质

首先，教师要对新时期的教学活动有正确的认识，对新的教师素质能力要求有清醒的认识，紧跟时代发展形势，不断开展思想政治学习，提高自身的思想素质。其次，要为教师的思想素质提升提供保障。比如，在教师入职的培训中，重视对其开展思想素质教育，增强责任感。再者，在开展日常教学培训的过程中，结合继续教育网站的应用，为教师不断灌输“工匠精神”的教学素养，提升教师的思想素质。还比如，教师要能够开展自主学习，通过积极的阅读学习，从网络、媒体等各个渠道开展政治学习，建立正确的思想意识，在教学过程中，发挥出示范的引领作用，提高自身的综合素质，成为学生心目中富有吸引力的优秀教师。

2. 不断加强教师的业务学习水平

首先，教师要结合国家对外语教育工作的要求，对开展的外语教学活动制定完善的教学方案，对照新时代的外语专业人才培养要求，逐一落实教学活动。其次，学校要为教师的业务学习水平提升做好保障。第一，学校要为教师的成长建立完善的人才培养方案，并且结合教学计划，对教师的成长过程全面监督。第二，要为教师开展教学活动搭建平台，投入技术和资金，确保教研活动的顺利开展，鼓励更多优秀的年轻教师参与到重大的教研活动中。第三，要为教师的学术交流提供机会。组织优秀教师去知名大学进行交流学习、进修培训等。同时在与知名大学合作的过程中，还可以不断提高教师的学历与水平。第四，结合现代教育技术的应用，组织教师进行线上教学课件的集中编写，打造精品课程、优秀课程等。比如在特殊时期，组织教师使用混合式教学方式，开展线上教学，有效地应对特殊的教学环境，保证学生的正常学习。第五，要组织教师开展集中的教研活动，进行学术交流，邀请专家到校开展讲座，激发教师的教学积极性，更好地服务教学事业。第六，教师要注重自学能力的应用，通过翻阅文献资料、网络查找资料等手段，对先进的教学资源、教学理念、教学手段不断学习，提升自身的业务水平。

3. 不断提升教师的实际教学能力

首先，教师要结合自身的教学经验，在设计教学活动的过程中，将自身的专业知识、思想认识与教材内容充分融合，更好地传达教学育人的思想，展现自我的人格魅力，吸引学生进行模仿学习，积极参与课堂。其次，教师要能够结合不同的教材内容，选择使用适合的教学手段，组织富有活力的教学活动。比如在开展教学过程中，教师可以结合原声电影，帮助学生快速进入教学情境中；教师还可以结合英文歌曲的演唱，将学生的注意力吸引到课堂中；总之，教师要根据具体的教学实际，营造良好的教学氛围，与学生建立和谐的关系，保证教学效率。最后，教师要对现代教学技术充分掌握。开展混合式教学过程中，需要教师掌握教学技术、教学手段。教师要熟练地掌握并使用先进教学设备、教学工具，并在教学开展中充分应用，利用科技的吸引力，不断提高教学课堂的趣味性，提升教学效果。

（六）举办丰富的英语活动

积极举办丰富的英语活动，提升学生的英语应用能力。课堂的质量虽然跟学生的英语应用能力有重要的关系，但是也不能忽略课外活动，课外活动的开展非常有利于提升学生的英语应用能力。学生在进入大学之前，接受的都是比较传统的英语教学，即使在努力地学习英语，但也只是在做题方面，主要是为了应付考试，而导致学生在进入大学之后并不能流利地用英语进行交流，大多数学生英语口语能力非常弱。所以，大学在促进英语教学的同时，也要积极举办丰富的英语活动，吸引学生积极参与到活动当中，通过活动，能够让学生在活动当中不断地练习英语口语，提升学生的英语应用能力。

另外，英语教师也可以举办各种活动，演讲活动、英语沙龙活动等，让学生积极参与到活动当中，这样不但提升学生的英语应用能力，还能够丰富学生的课余生活。比如，教师可以举办一次英语比赛，比赛的内容是“如何练习英语口语”，让学生都积极参与到比赛当中，而学生在准备的过程中，会不断地去进行演讲，从而达到了练习英语口语的目的，并且学生在上台演讲时也能够提升英语应用能力，不看名次，只要学生参与到其中就能够体现此次活动的价值。

第二章　英语写作教学实践

英语写作教学是英语教学中最重要的一环，也是令教师和学生都感到束手无策的一环。本章将具体围绕英语写作教学概述、英语写作的影响因素、英语写作教学的方法、英语写作教学的实施策略及英语写作教学评价方法五方面的内容进行阐述。

第一节　英语写作教学概述

一、英语写作教学研究分析

（一）国内英语写作教学研究分析

近年来，国内研究者更加关注写作过程中母语的转移，教育学、语言学、社会学、心理学等方面对学习者学习英语写作进行了理论讨论和实证研究。有学者指出，比较这两种语言（汉语和英语）的异同并将其融会贯通于写作教学中，可以降低这些干扰因素对写作的影响。

中国的写作教材直接给出学生写作体裁类型、范文模板，让学生按照现成的作文格式和套路进行训练，虽然在单元后半部分有让学生进行思考、分析问题的训练，但没有专门的思辨能力训练部分，学生不会去深层次思考文章的结构和思想，很难写出体现自己思想认识和新颖、鲜活、生动的作文，内容简单，思想深度不够。而且，学生只是盲目地接受，并没有经过自己的思考和过滤，无法形成自己的知识，他们就会逐渐地养成懒于思考、直接引用的习惯，不利于他们创新能力和辩证思维的形成，以至于很多学生对更多事物难以形成自己独特的观点和见解，更谈不上思辨能力的提高。

总体而言，关于国内对于英语写作的研究整体上比较零散，没有形成规模化与系统性，缺乏全面整体的论述，所处视角比较狭窄、单一，缺乏从学生需求出发的相关研究。

（二）国外英语写作教学研究分析

国外写作的概念是源于修辞学，与国内英语写作关注的内容不同的是，国外写作教学更多关注“写作修辞环境”，这传承于国外的传统写作教学方法。而在写作研究重点方面更加侧重于二语写作过程、写作结果和写作环境等领域的研究。而研究对象较为单一，涉及面较窄，大都以第二语言为英语的学习者为研究对象进行的研究，其他语系的研究相对比较缺乏体统的、有成效的研究。对于二语写作前些年的发展情况可以做出展望，未来外语写作研究的主要任务是获得更多语种的研究支持，扩大样本库，脱离英语的单一研究方向。

可见，国外很多学者的研究中有关二语写作教学的研究成果并不多。有外国学者认为在写作研究领域理论和实践的研究过程中，教师应该更加注重语言的客观存在，把修辞手法进化成写作技巧，以此来提高学生的写作能力。

综上，国外对英语写作教学的研究者众多，研究面广泛，但是在成果方面乏善可陈，仍然处于发展阶段，还有很多的内容方法可以深入探究。

二、英语写作任务设计分析

在设计写作任务时，需注意任务的连贯性和系统性。教学活动可以把写作长度、时间和类型作为变量，分为三个阶段。

（一）记叙型写作任务

选取限制字数、不限时间的记叙型写作任务。记叙型写作通常根据时间或事情发展经过，将过程记叙清楚即可，难度较小。在教学第一阶段，可以选取不同类型的话题，给学生布置多个小短文，例如，记录自己身边发生的趣事等。此类写作话题限制较少，容易激发学生的兴趣，引导学生主动关注不同话题的词法和句法，积累地道的表达方式。

（二）说明型写作任务

选取不限长度、不限时间的说明型写作任务。第二阶段要求学生对某个事物进行介绍、说明，或看图说话。说明性的语言需要凝练、抽象的表达，因此，用词较难，句式更复杂，但有利于学生熟悉书面表达。教师可以鼓励尽量写长、写细，让学生充分使用所学的词法、句法，有助于训练学生思维的深度，为下一阶段打好基础。

（三）议论型写作任务

选取限制长度、限制时间的议论型写作任务。议论文是对某一话题发表自己的看法和观点。议论文既要把话说清楚，又要言之有理。论述过程中举例说明都不可少，势必也会用到记叙、概括等之前学到的写作方式，有利于对前两个阶段的能力进行整合。限制长度，会促使学生对词法、句法和论据有所取舍。规定时间，增强了任务的紧迫感，也让文章更为凝练，更符合议论文写作的特点。

三、英语写作教学现状分析

长期以来，英语写作教学一直是我国英语教学的重点，对于提升学生的英语写作水平，提高学生的英语语言运用能力具有十分重要的作用，并且近些年来也不断受到重视。但是现实的问题是，由于英语写作教学相对来说是一个比较庞大的知识群，学生想要在短期内获得实质上的提升是很难的，因此，在大学基本上只有英语专业的学生才会对写作进行系统的学习，其他专业的学生只是学习一些皮毛而已。另外，由于英语写作是需要进行练习的，这种练习并不像普通的做英语阅读那样简单，而且教师在批改的时候也存在很大的难度，出于倦怠的心理，教师可能很少会给学生自我练习的机会，这也使我国的大学英语写作教学出现了教学质量差的特点。传统的大学英语写作教学相对来说比较枯燥，基本上是教师讲授一些英文写作的框架或者思路后就让学生进行练习，在资源不丰富并且学生的思路不是特别明确的情况下，学生很容易产生厌烦心理，这不利于提升我国大学英语写作教学的质量，因此，我国大学英语写作教学进行改革是势在必行的。

（一）教师教学方面

1. 教师写作教学理念陈旧

陈旧的教学理念使大学生对英语应用写作课程兴趣不足，在很大程度上影响着其学习的实际效果。大学阶段的英语教学与高中阶段相比，在教学内容、教学模式及考核方式上都应更加丰富多样。没有升学压力的大学生，学习目标发生了很大变化，那种还停留在要求学生背单词、背语法、背模板的教学理念和方法很难激发学生的学习兴趣。教师布置的写作作业需要限时提交时，部分学生就直接拼凑网络上的范文，很少自己花时间创作；一张考卷定生死的单一考核形式，使学生忽视平时的学习和积累，考前临时抱佛脚，不挂科就是完胜的心态普遍存在。

2. 教师写作教学方法单一

在目前的大学英语写作教学中，很多教师仍然采用传统的写作教学方式，教学观念陈旧，教学方法相对单一，偏重于技巧的讲解和知识的灌输，即在课堂中采用以写作范本讲解为主的方式进行教学，然后给出写作题目让学生进行写作，教师进行打分并评价。在写作教学课堂中如果没有做到以学生为中心，就无法充分调动学生的学习兴趣，导致教与学脱节，无法达到提高学生写作素养的目的。整体而言，目前的写作教学很多时候还是以教师为中心，学生积极思考和主动参与的机会较少。

3. 写作教学模式不灵活

由于应试教育的影响较大，教师教学中不能及时转变思想、采用现代化的教学理念，教学方式未能及时更新，因此，无趣的、缺乏活力的写作教学也由此出现，并且持续时间较长，教师也设法改变，但效果甚微。这种课堂环境很难激起学生写作的积极性、主动性。而且，教师也没有深入了解学生现阶段写作水平和写作需求，导致写作教学目标缺乏针对性和有效性。加之教师仍采用传统知识灌输方式教学，学生的学习兴趣极低，学生写作能力的提升理所当然就受到影响。

4. 师生间有效互动十分匮乏

传统课堂教学中教师一直处于主导地位，学生处在被动接受知识地位，主观能动性的发挥受到极大限制，更没有兴趣对写作话题和文本进行积极的思考和探究，并和教师进行思想碰撞，实现教学相长；导致学生逐渐失去了英语写作兴趣，英语写作的思维也得不到有效锻炼。写作过程中，大部分学生是对教师给的模板进行少量改动和扩充，出现了写作内容千篇一律的现象。这种写作教学方式必定会影响学生的创造性思维和批判性思维的培养，制约学生写作水平的提高。

（二）学生写作方面

1. 学生写作练习不足

首先，现阶段的大学英语课堂，很多还是以讲解课本内容为主，教师在课堂上需要完成教学内容的讲解，这会占据大部分时间，导致教师的工作量大，无法兼顾大学英语教学的每一个方面，比如阅读和写作。其次，很多教师和学生都没有给予写作足够的重视，没有意识到良好的写作能力对于提高英语综合能力的重要性，因此，也没有给写作教学分配合理的时间。另外，大一、大二阶段的学生，专业课程较多且学习节奏较快，课程的学习和巩固占据了学生大部分课堂和课后时间，留给学生学习英语写作和自由写作的时间极其有限，这也导致学生练习不足，写作水平停滞不前，写作能力亟待提升。

2. 学生写作语法使用不当

在英语学习中，对于学生来说基础的是单词，重要的是语法知识。在写作过程中，关键的是让学生学会转换思维，将两者结合起来运用于作文当中，但是，在英语教学过程中可以发现，大部分学生使用中文式的方法学习——利用中文谐音背单词、利用中文意思背诵课文，长此以往，形成了一种中文式思维，表现最明显的就是写作，学生在写作过程中，在思维中先形成中文语句，再用简单的单词拼凑起来，以此来完成一篇作文，文章中语法知识乱用、错用明显。

3. 学生写作实践性弱

在大学学习阶段，学习时间紧张，学习压力较大，因此，在英语学习过程中，学生的实践能力得不到重视，其最基本的也就是刷应试题目。尤其是对于写作说，学习写作能力的技巧性不高，提高分数不够明显，常常容易被教师忽视，在实践方面更得不到落实，久而久之，学生越薄弱的部分越得不到练习，学生的写作水平也就得不到提高。

4. 学生写作积极性不高

写作练习和能力的提高需要付出的时间和精力较多，且见效慢。一篇好的英语作文，往往需要花费较长的时间来完成，需要融入作者的真情实感，而且写作能力的提高需要长期不断地积累素材和练习才能得以实现。在实际的写作中，很多学生更注重文章语言、内容和结构的准确性，忽视了情感的表达。还有很多大学生忙于专业课程的学习，没有太多时间去进行英语写作所需要的广泛阅读等活动，也不太愿意花费时间在英语写作上，难以做到持续投入时间来学习写作的技巧和练习写作，加上很多学生缺乏系统性的写作训练，使得这些学生写作的积极性不高，对写作存在畏难心理。

5. 学生写作创新性不足

在英语写作教学过程中，教师应试目的较强，采用的基本方法就是选择一套实用的模板向学生进行讲解，学生在进行写作时便套用教师所教模板。这就导致学生在学习写作过程中循规蹈矩，每次都运用统一固定的句式，没有新意，限制了学生的创作水平，从而限制了学生写作水平的提高。教师应让学生自由发挥作文形式，不局限于固定的模板。

在当前英语写作课上，教师的教学模式就是教师先示范解读范文，然后是学生模仿范文的框架进行练习，这种教学模式在一定程度上有助于学生了解一篇文章的基本框架。但久而久之，学生在写作上会局限于套用结构，缺乏对写作内容的理解。此外，受应试教育的影响，很多学生学习写作的目标主要是通过等级考试。基于此，教师在写作课上难以开展游戏活动以激发学生的写作兴趣，取而代之的是“填鸭式”的句型和词汇讲解。

6. 学生写作主动性薄弱

根据研究，目前院校学生主动练习英语写作的意识比较薄弱。第一，现阶段英语教学主要以通过等级考试为导向，教师在每一堂英语课上的教学任务都安排得非常紧凑，很难抽出足够的课堂时间给学生练习写作。在课余时间，学生其他学科的学习任务比较繁重，更难抽出空余时间主动练习英语写作。临近考试的时候，学生才会花时间去背作文模板便于考试。考试结束后，学生便把重心放在其他学科的学习任务上。第二，很多院校学生的英语基础薄弱。由于词汇量不够且语法知识掌握不牢固，学生在写作过程中总是感觉写不出句子或写不出完整且没有任何语法错误的句子，降低了他们对英语写作的学习兴趣。

四、英语写作教学现状的原因分析

在英语写作教学中，教师难免会听到学生这样的抱怨：写作前酝酿一堆话想说，但真正下笔时却老是词不达意，索性用翻译软件直接汉译英。由此暴露出的问题也可见一斑：大学英语写作教学投入多，产出少，学生的语用能力不尽如人意，现有的教学模式效果不佳。问题成因如下。

（一）教学内容忽略了语言的运用

新版《大学英语教学指南》提出“大学英语课程是高等学校人文教育的一部分，兼有工具性和人文性双重性质。就工具性而言，大学英语课程是基础教育教学的提升和拓展，主要目的是在高中英语教学的基础上进一步提高学生的英语听、说、读、写、译能力”。但真实的大学英语课堂只是片面重视听、读训练，课堂教学只围绕某一本精读教材展开，写作仅仅是单元话题的延伸。学生只在准备各类英语考试时，才会临阵磨枪。换句话说，师生都忽视了“语用”的重要性。

（二）教学方式忽略了学生的需求

由于大学英语课程课时的缩减，课堂上教师“一言堂”的现象屡见不鲜。教师把主要精力放在课堂内，课堂上只讲解写作模板，然后布置作文课外完成。学生碰到的写作障碍通常是在写作过程中产生的，而传统教学缺乏师生互动，忽略了对学生写作过程的指导和监督，不利于学生的知识内化。

（三）教学诊断忽略了系统的反馈

有效的英语写作教学诊断需要确立完整的学习反馈机制，具体是指教师要将学生完成的学习任务信息和诊断结果及时反馈给学生，让学生及时纠错，以此提升英语学习层次。英语写作教学实践表明，很多教师虽然一直在开展诊断性教学工作，但是并不系统，教学效果无法保障。具体问题体现在如下几个方面：首先，有些教师会受到教学任务的限制，倾向于选择性反馈学生的英语写作错误；其次，教师在诊断错误和反馈错误的过程中没有结合有效的反馈方法，而是直接告诉学生的问题，没有对学生进行引导和使其思考，学生仅限于当前某一写作问题的错误进行纠错，缺少整体系统思考；最后，教师没有立足于学生核心素养的培养视角，对学生的英语写作能力及自我反思、总结能力重视不足，这种教学观念也在无形中影响着学生的纠错看法。当教师将错误反馈给学生时，学生往往产生的看法和行动相悖。

从上述存在的教学问题分析，可以看出这种错误反馈和纠错环节对于学生的英语写作能力没有实际效用。但是从诊断式教学理论分析，针对错误找出问题的根源，并以此确立解决措施，理论上是行之有效的方法。究其根源在于教师对学生的学习问题缺少整体分析，没有引导学生建立反思思维，导致学生对这种纠错教学方式缺少正确的理解及实际运用能力。而且英语的语言形式和结构较为复杂，学生对英语学习的态度也直接影响着诊断式教学方式的反馈意愿和实践能力。

（四）教学过程忽略了母语负迁移

1. 教学方面

（1）教师对写作课堂教学不够重视

分析英语写作教学现状，可知教师没有足够重视写作课堂的教学，一般在下课前十分钟安排学生进行写作练习，同时，教学模式相对单一，教学的主线是教师的作业—学生的写作—教师的评卷—教师的讲解。教师在写作教学过程中要向学生进行写作技能的传授，不应该片面强调语法和词汇的重要性，教师目前的英语写作教学主要是让学生对语法规则和词汇进行死记硬背，最终会使得学生在英语写作过程中对基本句型进行机械搬用，学生无法对写作难点和写作能力有进一步的深入了解与发展。教师更多的是关注学生的写作任务完成程度，没有关注学生的能力匹配性，复习作文时，教师的重点是对学生的语法错误和拼写错误进行纠正，没有提高对文章连贯性和衔接性错误的关注，很多时候会要求学生对范文进行背诵，可见，过分强调词汇、语法、课文教学会出现与写作目的相背离的情况。在写作教学过程中没有使得学生对写作技能实现切实把握，学生的写作能力与新课程要求不相符。

（2）教师和学生互相缺乏交流

师生在写作目的和内容上缺乏交流，同时让学生写作能力的提高受到了影响。从教师布置作业到学生完成写作的时候，应该是一个互动的过程，在指导写作训练的过程中，教师不仅要对学生的写作进行一次简单的评价和打分，而且要给学生任何想要的信息，这可以提升学生的写作能力，而这种引导过程很容易被忽视。教师一方面要对学生的写作结果进行关注，另一方面还要对学生的写作成绩提高进行指导，这种引导过程就是师生互动过程，英语写作教学过程中有效的师生沟通可以使得师生之间产生情感共鸣，提高师生之间的信任感，学生可以在教师的引导与互动下对作文进行更好的修改。

2. 学生方面

我国大部分学生都是在汉语的氛围中学习，经常用汉语思考，因此，在母语环境下掌握一门外语并不容易。语言输入不足对学生的英语写作产生了严重阻碍，要想学好英语需要实现语言输入与语言输出的有效结合，语言障碍是书面语存在的最难解决的问题，如句型单一、词汇缺乏等，受到多方面条件的限制，我国的外语教学大部分是由学生进行课本知识的学习，但语言的实践能力还很薄弱，在语言方面，英汉两种语言有很大的差异，大学生英语学习的突出特点就是缺乏足够的词汇，无法很好地对词汇进行运用；在写作构思时，无法通过合适的词汇进行自我思想的表达；在英语学习过程中，总会有意无意地与汉字的结构相对应，更明显的是被自己的语言思维干扰；大部分学生有着较少的英语词汇量，在英语结构及英语表达方面能力较差，很难提高语言发展能力，这就导致学生在写作文前先用汉语思考，然后将思考的内容逐一翻译，语言迁移现象是一种自然现象，用汉语思维和汉语写作方法对英语写作问题进行解决会导致句子出现非真实性等情况，无法对中西方文化差异和思维方式进行充分了解，无法与英语表达习惯保持基本一致。

学生英语写作困难的恐惧导致他们缺乏自信，写作时间、成绩之间不成正比，部分学生认为写作就是一种与教师打交道的任务，部分学生认为写作是一种学习负担，在学习过程中很少与教师进行主动沟通，实现自身写作能力的提高，消极的态度会对学生的写作动力产生不良影响。

3. 语言文化与思维方面

语言不是一天形成的。民族语言使用过程中，文化背景、语言环境、语言思维等都会对语言的使用产生影响，英语和汉语之间存在较大的差异，学生在英语学习时会不自觉地将汉语的表达方式和规则进行转移，汉语的重点是进行清晰的意思传达，多用短句表达，很少使用连词，不要求主谓的数量和时态一致，所以当时间和语态变化时，谓语动词的形式不会发生改变，但是英语有着较强的逻辑严密性和形式统一性要求，用以连接多个句子和长句或从句的主词，时态和语态的差异应该通过动词的变化来体现，在词尾的变化上可以体现动词数量和名词数量的变化，如果英语和汉语在书面句子中不熟悉相同的意思，学生很容易发现两种语言的差异，这导致了汉语书面语的负迁移，学生很难写出地道的英语文章。

第二节　英语写作的影响因素

一、学生的学习特性

不同的学生展现多样的学习特性，如学习习惯、学习驱动力、学习策略等。不同的学习特性对英语写作学习者在习得过程中的影响也不尽相同，比如学习方式及对不同教学方法展现的吸收程度差异。中国的学生一般为听觉性学习者。所以即使到了成年阶段，他们也更习惯于听课、整理笔记等学习流程。然而，英语写作能力的提升需要思维的转换和实践性的练习，而传统的学习方式明显不适合写作学习。因此，学习者需要摈弃旧的学习习惯和方法，自觉导入新的学习模式。

近年来，学习的自治（Autonomy）能力对语言学习者来说尤为重要。自治学习是国内外外语学习实践研究的焦点。它的理论基础是构建主义。在互联网主导、信息爆炸的新形势下，语言学习的自治能力成为学习成功的关键。如图 2-2-1 所示，关于自治能力可用下图解释。

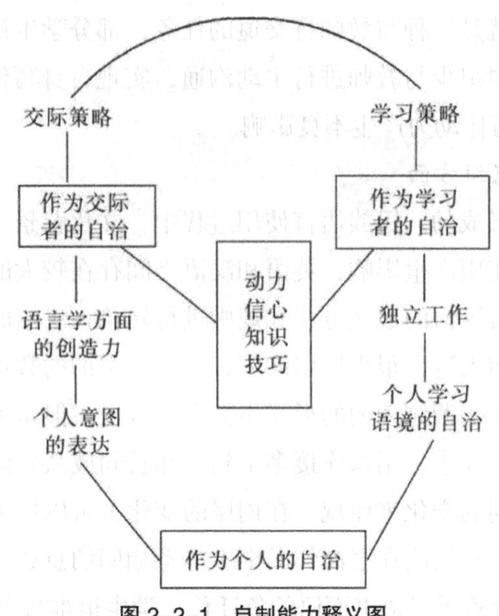

图 2-2-1 自制能力释义图

自治能力包括交际自治、学习自治和个人自治。而这些能力的核心是“有意愿”和“有能力”实施学习活动。意愿是指学习的动力（动机）和因此产生的对完成学习任务的自信，而能力是指完成学习任务所需的知识和技巧。语言学习者自身学好语言的意愿和能力决定交际者语言方面的创造力，而这种创造力是其通过口语或写作来表达自己意图的关键。意愿和能力也同样作用于学习者学习策略的自我选择和个人学习环境的自觉构建。这些因素的互相作用体现了一个学习者的个人自治能力。

值得注意的是，自主学习模式中的独立工作部分并不是绝对指学习者独自学习，而是指脱离对教师的依赖，由学习者独立思考，独立选择适合自己的学习技巧，运用自己的语言知识，独立表达自己意图的语言学习过程。在写作学习中可以被改良为小组合作模式，即通过与学习伙伴分享自主找到的语言和交际信息，交流各自的写作表达意愿，互相启发，并在每次写作任务完成后互评作文，达到全面动态的写作学习效果。

二、教师的教学策略

学习者对所有英语写作教学策略的选择并不能通过自己来判断，所以在英语写作课堂中，教师需要选择合适的教学策略来设计课程，并从多样化的角度来帮助学生提升写作能力。在中国的教育背景下，英语写作最常见的教学策略为：Presentation，practice and production（PPP）。这意味着新的写作知识将通过具体的背景下呈现，并由教师进行讲解。之后，学生在教师指导下，被给予特定的话题或训练，对新的写作知识进行练习。最后，学生将独立完成开放性的写作练习，即运用新知识来进行创作。然而，无论在高校还是培训机构中，由于课堂时间有限，教师无法将全部的 PPP 环节设计到课堂中去。并且，在大多数学生接受写作课的大班模式中，PPP 的可实践性更加不足。事实上，传统的教学方式已经明显不适合英语学习，尤其不适合英语写作学习。由于教师不能完全对学生进行实时辅导和帮助，只能将大量的写作练习设置为作业，却没有足够的时间和精力全面批改作业。所以，在写作练习过程中，学生遇到语言或思路的问题，不能及时获得教师的帮助和解答，这对英语写作学习有着消极的影响。

对于学生而言，以教师为中心的教学策略可能仅仅有助于他们获得新的语言知识、写作知识及写作技能。该类型的教学策略强调对新知识内容的输入，而没有给英语写作学习者足够的机会和时间练习运用所学内容，从而不会应对在“输出”过程中产生的问题和困难。因此，目前写作教学大都依照自治学习的模式，进行以自主学习和小组学习相结合的新型写作教学实践。过程写作是其中的代表，采用课堂自主学习模式，进行如个人网络信息采撷、小组列举信息、大脑风暴、构建主题方块、小组讨论、小组互评等以学习者为主的活动。这些活动令学习者在自治学习和小组合作学习中，解决了思路不清晰、不善于寻找有效的方法、缺乏主动性和创造性等问题。这样的教学模式不仅可以在高校课堂中进行，同样也可以运用到成年英语写作学习者参加的外语培训班中。这样，写作教师只是写作技巧训练者、课堂写作引领者、知识辅导者、观察指导者的角色。这样的教学模式使学生能在教师的启发指导下，养成批判性思维习惯和自治学习的习惯，有利于学习者自主发掘题材内容，并在有效的自评互评过程中能动地熟悉写作过程，提高写作能力。

三、逻辑思维与认同感

（一）逻辑思维能力

在大学英语写作中，逻辑思维能力对思考方式影响非常大，而使用有效阅读、以读促写的方式则会让学生形成开阔积极的惯性思维，出口成章的习惯将帮助学生在英语写作过程中，提高写作效率与质量。例如，在大学英语四、六级考试中，如果学生过多依赖教辅教参中的写作模板、技巧与攻略，而缺乏将写作主题巧妙结合到当代热点事件的阐述和论证能力，这样会很难获得令人满意的分数。

（二）学习认同感

学生对大学英语写作的学习认同感较为一般，而学生一方面能认同今后将其应用到工作和交流中的重要性，但又由于长期以来低效的学习习惯、学习方法的限制，导致学生对课外知识进行主动拓展的自主学习能力相对较弱，更多的是习惯于接受课堂教学，教师教多少，自己就学多少。

大学生实际的英语写作动手能力、多年累积的学习习惯对学生写作成绩的提升已形成英语写作学习的主要障碍。由此可见，大学英语教师，在完成课堂教学计划安排、帮助学生夯实写作基础的同时，也要多培养学生良好的学习习惯、学习自律性及自主学习能力，这样才能从根本上改善大学英语写作教学效果，乃至是帮助学生听、说、读、写、译各方面综合运用能力的提高。

四、母语负迁移

对于学生来说，英语写作学习如其他语言技能一样受母语负迁移影响。因此，在教学设计和实践的过程中，母语是需要被考虑的要素。在英语写作学习过程中，知识的跨语言转换也是不可忽略的一部分。学习者可以参考或者将其作为新语言技能的学习基础，从而更好地理解新的语言技能。这种理想化的转换是语言正迁移的方面。而在很多情况下，语言学习都会遇到负迁移的影响，即母语干扰的情况。

首先，母语干扰体现在写作思路的思考模式上。在使用英语写作前，学生需对写作话题进行理解分析，并对如何组织思路进行思考。在这个过程中，中文被证实在词语与文章连贯性方面更活跃。虽然这对学生理解英语写作话题更有帮助，但是由于他们习惯了汉语的思维角度，有时会对话题理解产生偏差，从而出现“跑题”现象，文章的逻辑和连贯性也会受到影响，而这也是英语写作评分的一项重要标准。因此，对于学生而言，在英文文章创作过程中，加深对英语文化的了解及学习英语的思维方式是更为重要的，这些对组织英语文章的结构和逻辑是必要的。此外，英语写作教师应该培养学生在写作中的批判性思维，这也是英语写作的突出特点。

其次，我国学生习惯使用母语的句法结构来理解英语的句法结构。在构思时，很多学习者还习惯先使用中文组织观点，之后再翻译成对应的英文语句。然而当其英语的知识储备不足以翻译所有的表达时，翻译不当或观点表达偏差等问题会出现，更导致“中式英语”或者“翻译腔英语”的大量出现，语法错误也是这种做法的产物之一。因此，在学习英语写作技能之前，英语的基础知识和特点需要被学习者较好地掌握，如词汇和语法，之后才能更好地结合所学的写作技能，产出更好的语句结构。

第三节　英语写作教学的方法

一、支架式教学法

支架式教学法在英语写作教学中的应用价值如下：其一，将“最近发展区”理论引入写作教学讲堂，加入构建主义学习理论，助力学生探索“小步调”学习写作知识的路径，达到英语写作教学循序渐进的目的；其二，基于支架式教学突出写作教学“学生本位”，将学生视为独立的求知个体；其三，为英语规设多维智能个性化写作教学系统奠定基础。基于此，为使英语写作教学质量不断提高，探析支架式教学法应用方略显得尤为重要。

（一）搭建手架，规设主题

教学主题是师生保证“教”“学”步调统一的要件，只有主题一致、清晰、合理，才能为支架式教学法的应用奠定基础。例如，教师在教学“How to adapt to college life？”时可将“熟读课文、创编对话”视为写作教学的主题，基于“读写结合”设定写作教学主题的好处是学生可从课文中获取写作灵感，通过改写、扩写等方式充分运用英语知识，同时可助推学生认知迁移，为其掌握新知给予支持。需要注意的是，支架式教学主题需具有实操性，对于学生来讲容易接受，为学生围绕主题思考与写作提供有利的条件。

（二）创设情境，引入环境

英语写作教学情境一方面源自教学主题，另一方面需具有吸引力，为的是引导学生“小步调”完成求知任务，在支架式教学情境中能全情投入，继而提高学生写作知识的学习效率。例如，教师在教学“Everyday-life”时可引导学生回忆平时的生活场景，创设生活化探究情境，鼓励学生说一说何时起床、休息、看电视、玩游戏等，为的是理顺一日生活的时间脉络，将生活场景与“介绍一日生活”

的写作任务关联在一起，继而将学生引入写作学习的环境中，依托生活情境加强认知迁移，指引学生回归生活搜集写作素材并迸发写作灵感，提高支架式写作教学的有效性。

（三）协作共进，共同攀登

一方面，教师要给学生独立探索的机会，例如，引导学生阅读 2~3 篇例文，通过比较、归纳、分析、总结了解写作思路并积累更多词汇，同时对固定短语、句式的用法有了更为深入的理解。为使学生独立探究效果更优，教师可根据例文提出问题，如“例文中都用了哪些时态”“掌握了哪些新的句式、短语”等，确保学生能在问题情境中攀登“脚手架”，在独立探究中掌握写作知识。另一方面，教师要给学生合作互助的学习机会，鼓励学生分享自己的感受，创建生态化的支架式学习环境，引导学生质疑、探究、论证、归纳，其中小组成员围绕某个问题达成共识的过程就是协作共进一起攀登“脚手架”的过程。值得一提的是，协作学习可使集体思维成果得以共享，学生解决问题的眼界更为开阔，这利于学生通过自学掌握写作知识，为优化协作学习效果教师需合理规划写作学习小组，各组成员应具备独立思考、解决问题、互相帮助的能力，可围绕写作学习中碰到的问题积极探究，继而落实英语支架式写作教学目标。

（四）效果评价，提出建议

以往的英语写作教学评价存在片面、不及时、主体单一的问题，不能在学生攀登知识“脚手架”的过程中给予有力的帮助并达到“以评促学”的育人目的。基于此，英语教师在组织开展写作教学活动的进程中要优化评价效果，为学生提升英语写作能力提出建议。例如，教师在引导学生根据课文内容改写对话时，可鼓励学生依据对话内容进行情景表演，待学生表演完毕后教师进行评价，要将学生对话改写情况、口语表达能力、英语思维品质、自信心等方面视为评价支点，确保评价内容全面且利于学生综合素养良性提升，尤其要增强写作能力。为丰富评价主体，教师还可引导学生在协作学习小组中互相阅读作文并给出评价，在互助探究中改掉作文中的错误，如语法错误、拼写错误、句式错误等，使学生能在改错的同时掌握写作知识。

综上所述，英语支架式写作教学可提升学生的写作能力，为了做到这一点教师要设计好主题，创设适宜学生攀登知识“脚手架”的情境，引导学生独立思考与协作共进，还需针对学生写作学习效果进行评价，继而落实英语支架式写作教学目标。

二、情景教学法

（一）优势因素分析

（1）学生因素

就学生而言，情景教学法能让学生获得真实的课堂参与感。情景可以有效刺激学生，会使学生产生情感共鸣；情景会增加学习活动的生动性、趣味性、直观性。在教学过程中，学生享受于整个课堂，通过讨论、体验、观察、表演等多种形式确定写作主题，由被动写作转换为主动写作，有助于提高学生的写作水平。

（2）教师因素

就教师而言，学生的课堂变化更加调动了教师主导课堂的积极性与能动性。学生活动与思想的跳跃发展给教师的写作课教学带来新的发展机遇，促进教师与学生共同向好发展。另外，学生写作成绩的提高也会给教师带来成功的喜悦，不断激励教师更好地优化教学过程。

（3）教学资料

传统的英语写作教学所利用的教学资料很少，也很简单。通常是教师给定写作任务，简要介绍一下写作目的，学生就开始写作。情景教学法则可以充分利用当今异常丰富的写作资料。教师选定相关资料或者资料链接，学生们可以自行选择阅读、讨论资料内容，包括图文数据、音频视频等。学生从中获得所需内容，确定写作题目或方向，完善写作的思路和具体环节，优化写作过程，提高写作水平。

（4）教学媒介

教学媒介是情景教学的重要保障条件之一。传统教学媒介在情景教学过程中依然能够很好地利用。先进的教学媒介，比如互联网多媒体教学系统、学校教学管理和后勤服务管理系统及具体工作项目均可以形成英语写作情景教学媒介，学生可以充分利用各种教学媒介进行写作体验和训练，做到身临其境，下笔有物。

（5）教学场景

教学场景是实现情景教学法的重要因素，也是优势因素。对于英语作文传统教学而言，场景利用很少。情景教学法对场景的利用非常多。教学的出发点是学生身体与自然、社会、他人和自我的相互作用。学校场景如校园植物、雕塑、宿舍、食堂等可为场景；校园周边街道、医院、银行、商场等可为场景；家乡农田、村居、河道、天空等可为场景……学生们对场景作文教学很感兴趣，能够投入感情，认真思考，精心策划，一挥而就。

（6）教学融合

进行很好的教学融合，是情景教学法在英语作文教学中的一个显著优势。教学资料（知识）、教学主体（学生）、教学主导（教师）和教学环境等诸要素能够很好地融合在一起，教学诸因素能够充分发挥各自的教学作用，激活教学过程的能动性，形成一个积极、和谐、高效的课堂。

（二）情景教学法的运用

（1）紧密联系生活创设

生活是学生学习的最好情景，源于生活的写作更有价值。教师创设生活例证以引导学生联系生活实际，深入生活之中。经过体验，对生活的某方面或者某个环节进行评价分析，最后用英语文字做出书面表达。教师鼓励学生相互交流讨论，推出真实接地气的优秀习作加以分析和学习，促使大家共同提高英语写作水平。

（2）实物与图像创设

在英语写作教学过程中，教师运用实物或者图像创设教学情景，也可以选定写作命题后让学生们搜集实物或者图像创设教学情景。利用多媒体动画或者视频创设模型情景更加直观生动。学生会一目了然、心领神会，积极认真地完成英语写作。

（3）身体动作创设

教师或者选定的学生通过手势、眼神等动作，表达一个写作命题或者内容，学生对所表达内容进行讨论分析。在教师的指导下，学生进行角色扮演，演绎所写命题内容。学生通过参与表演获得体验与感受，教师指导学生分享这种体验与感受。所有学生都可以参与评价与讨论，在此基础上写出的文字才会有血有肉，大大增加其可读性。

（4）语言描述与加工创设

语言描述上升到艺术高度，具有形象性和冲击力。教师可以通过让学生深情朗读、精准描述和生动比喻等方式，对所给命题和素材进行语言描述呈现。教师通过语言呈现就会让学生们集中注意力，对将要出现的事物或者事件感兴趣，进而提高写作的意愿。

（5）知识与典故创设

知识与典故是英语写作命题的常见形式。教师给定教学资料后，情景教学法要求把知识或者典故作为教学情景来呈现。比如根据一首诗、一则童谣或者一个故事来写作，那么教师就要引导学生分析所给素材的教学情景，把学生带入场景，引发分析与讨论，形成自己的写作意愿和诉求，写出激情饱满的文章。

（6）问题创设

现代教学论认为，学习产生的根本原因是问题。情景问题能够引导学生联系概念与经验，并进一步给予解释与说明，最终学会应用。教师通过提出问题或者让学生发现问题，进而引导学生去分析、讨论问题，最后尝试解决问题。

情景教学法鼓励学生合作学习和创新思考。教师运用开放式情景问题打开学生的内心世界，让学生充分表达自己的思想、思路和方法，很好地解决写作困惑与难点，不断超越自我，提高写作水平。

三、词块教学法

（一）改善学生英语语言思维

对于中国人而言，在英语学习的过程中汉语母语的固定思维对英语的学习具有一定的阻碍作用。不少学生在英语写作的教学过程中极易用汉语的思维去构思英语句子，而这样的写作思维架构是具有一定问题和局限的。因此，英语教师可以依托词块教学的方法，通过具有英语思维的句子、习语、文章让学生养成成熟的英语思维，进而提高学生的英语写作水平。

在英语写作的教学中，英语教师可以借助连词成句的方式帮助学生英语思维的养成。通过指出相应的一些高频词汇，让学生先自行进行组句，在学生造句结束后，英语教师可以要求学生自行展示自己的句子，随后英语教师要挑选较为优秀的句子和存在典型问题的句子进行讲解。在讲解的过程中，英语教师除了要涉及相关句型的运用法，还要通过优秀的句子培养学生英语造句的逻辑思维，让学生在实际案例中理解英语思维的养成，而对于问题较为典型的句子，教师可以告诉学生这个句子是可以运用到写作中的。

（二）夯实学生英语单词基础

单词是语言的基础，也是句子的基础。不少学生会觉得英语写作感到吃力，其根本且主要的原因是学生的英语单词基础掌握得不够扎实。如果学生掌握了单词，那么就可以很轻松实现自己脑海中的行文构思，依托一定的语法知识表现出来。因此，提高学生的单词学习基础是十分必要的，单词的重视不单单是在写作教学中，背单词适用于学生学习英语的全过程。如何高效提高学生的英语单词基础？英语教师可以通过词块教学中完整且体系的词汇、短语、习语、句子、文章来实现学生对单词的记忆。

在英语单词教学和课后作业的布置中，英语教师可以借助词块教学法让学生摆脱死记硬背的陋习，掌握更为高效的单词记忆法。例如，英语教师可以通过一篇包含所需要记忆的单词的文章让学生进行翻译和背诵，英语教师可以先要求学生熟读且翻译这篇小短文，随后背诵这篇文章。借用连词成句的特点，让单独的单词融入句子和文章中，实现学生记忆链的完整性，同时这样做的好处还在于可以让学生掌握单词的用法和时态、单复数的变化变形，实现语法和单词的双赢教学。而且，除了运用小短文，英语教师还可以通过一定的习语、谚语来扩充学生的词库，将高频词汇融入一定的谚语和习语中，既能让学生掌握单词，又能丰富学生的英语文化。通过这样的方法可以直接促进学生的写作能力水平，因为单词的记忆是建立在句子和文章及习语、谚语之上，那么学生在写作时将可以得到丰富且优质的写作资源，进而提高学生的写作水平和作文的可读性。

（三）提高学生遣词造句能力

一篇文章是由无数个句子组成，句子是文章的重要组成部分。如何提高学生的遣词造句能力，英语教师可以借用词块教学来实现。通过固定且具有规律的习语、句子和范文让学生在观摩中掌握不同文体下公用的语法结构和句型搭配，即熟记模板。当学生具有一定的模板基础后，英语教师再通过复合句教学让学生实现“模板句 + 原创句”所组合成的全新句子，以此提高学生的英语文章水平和质量。

英语教师可以挑选出一些十分优秀的万能句型或特定句型，通过遣词造句课让学生在对比中牢记特殊语句的用法，进而提高自身写作时句子的完整性和质量性，避免套用模板的陋习，实现自我造句的目的。这样的好处在于可以让学生摆脱背诵模板和范文的陋习，在自主造句的过程中实现自我作文的范文性，而不是一味模仿，这对于学生的英语作文水平有着极大的帮助。

（四）开展头脑风暴写作课堂

优质且高效的写作课堂可以有效地促进学生写作能力的提高。在英语写作过程中，英语教师可以通过词块教学的模式开展头脑风暴式的教学，围绕词汇、短语、句子、语法开展情境式的问答环节，层层深入，层层递进思考、解答、牢记、运用这四个阶段。依托词块教学开展的头脑风暴式教学写作课堂可以让学生在系统的知识体系中学习写作技巧，同时还能通过问答式交互环节实现学生由获取到答疑，再由答疑到深化吸收的良性循环效果。

在英语写作课堂的教学中，英语教师可以开展头脑风暴式的教学方法，通过答疑互动的形式让学生在问答的过程里掌握写作技巧。比如英语教师在针对某篇英语作文，可以先要求学生自行思考构思文章整体脉络，随后英语教师可以列举出一些学生在写作时普遍会用到的句子，让学生自行进行翻译和考虑时态用法，并以此为基础让学生开展全篇设想和修改。当这些环节流程完毕后，英语教师便可以要求学生开始写作。通过这样的方法可以让学生先通过系统地梳理和构建自己的文章脉络，实现文章的规范性和正确性，避免一些不必要的漏洞和问题。而且当学生养成这样的习惯后，学生在之后的写作时，会逐渐养成自行在草稿纸上先进行构思再下笔的习惯。

四、任务教学法

（一）设计目的，明确目标

任务教学法的核心可以说是学习任务，它是贯穿整个学习过程的线索，也是课堂开展的起始点和终点，因此，教师们要针对写作的目的来设置适宜的学习目标。具体到英语写作的教学上来说。教师们要为学生们设立好一个清晰明确的写作目标，可以是主旨，也可以让学生们对一件事进行描写，设计的要点在于目标的难易度要适中，处于学生们需要通过一定的思考和学习过程才能够解决的问题程度，这样才能够获得最好的学习效果。

教师们可以先让学生们对一件事进行就事论事的英语写作练习，完成片段化的写作，在完成一个片段以后，将一个个小的片段组合成一个完整的段落，最后再将每一个段落组合成一篇完整的文章。这样的任务设计相对来说比较循序渐进，学生们可以由浅入深地展开对英语写作的练习，一开始只是篇幅较短的写作任务，可能只需要十几个英语单词，当学生们对短篇的写作有一个比较熟练的掌握以后，就可以逐渐增大任务的难度，让学生们进行更长篇幅的写作，由于有前一个任务阶段作为铺垫，之后的写作任务开展就会变得相对简单和水到渠成，学生们能够稳步提升写作的能力，最终完成从一段话到一整篇文章的写作能力提升。

（二）选择适宜的教学手段

为了配合任务教学法这一比较新颖的教学模式，适当的教学手段选择也是必不可少的，传统的上课方法可能无法最大化地发挥出其优势，好的方法就像趁手的好武器，能让教学效果成倍增长。例如，教师们可以在课堂上开展小组分组合作的方式，让学生们在小组中互相帮助、互相合作来展开学习任务的探索。以之前的任务设计为例，教师们可以让学生们针对同一个写作题目，各自负责其中一个段落的描写，最后再将整篇文章组合在一起，形成一篇完整的文章。在这一过程中，学生们由于是分开书写，最后组好，要想让文章读起来有整体性，就必须对文章的主旨有一个更加清晰的把握，这样才能在写作的过程中让文章各个段落之间有联系性，这一整体把握能力在传统的写作教学中往往是很难得到针对性的教学的。

除此之外，在进行合作写作的过程中，学生们的综合素质也能够得到同步而全面的增长，为了和他人交流文章主旨，英语的表达能力和口语能力会得到锻炼，为了合作完成这一学习目标，集体协作能力和协作意识会得到提升。而以小组为单位展开英语的写作练习，也能够在小组之间形成一种良好的写作学习氛围，督促鞭策每一位学生认真投入地进行团队写作练习。

（三）课后总结，巩固成果

任务教学法不能够忽略课后的总结部分，那是知识能力沉淀和深化的环节，也是巩固学习成果的环节。传统的英语写作教学是以教师传授知识为主要开展方式，虽然单调但学习的内核明确，确保学生们能把握学习核心，而任务教学法是以学生们自主的学习活动为基础的，固然能够有极大的自主性和特征性。但由于每一位学生的学习能力和深度都不同，并且小学阶段的学生对于知识的总结归纳能力也并不是十分充足，难以保证每一位学生都能够有效把握本节课的学习目标，这时候就需要教师来带领学生们开展课后总结这一环节，对本节课的学习活动进行总结，从中提炼出来有价值的学习成果供学生们记忆。

教师们可以选择一些优秀的英语写作作品来作为范文，拿到讲台上来为大家讲解，指出其中优秀的、可以借鉴学习的点，让其他学生加以记录和学习，也可以选择一些有代表性问题的文章，为大家指出其中的经典错误，让学生们能够引以为戒，防止自己出现相同的错误，达到良好的总结效果。

第四节 英语写作教学的实施策略

一、实施基础知识的巩固练习

（一）巩固学生的基础知识

想要从基础上巩固学生的基础知识，词语容量是完全掌握一种语言的重要部分，尤其是对外语创作文章来说，只要拥有较多的词汇量就可以表达自己的所学所想，才能够随心所欲地进行句子运用，但是词汇量不丰富就会使得创作难度大大提升，所以在教学的过程中，老师还需对学生累积词汇进行督促，对单词的运用与搭配及近义词转换加以详细讲解，并引导学生进行仿句，通过实践方式来加深学生单词内涵及用法的印象，真正做到理解与掌握，这对学生词汇量提出了更高的要求，在学生掌握大量的词汇后，方可实现文章主体自由选择、句式多样化，提升文章表达生动性。

在大学阶段，学生对基础性语法知识已经有所掌握，并可保证句型表达的完整性。在我国英语教学过程中，虽然对理论知识进行了灌输，但还是缺乏实操训练，所以大部分学生对基础性语法知识的掌握还相对牢固，但若面对复杂的语法与句型时就会产生无力感，故重复训练对于学生来说也是极为重要的，除了对教学方法加以创新还要保证学生的训练量，唯有这样才能让学生语法知识掌握更牢固。造句及英汉互译对于学生写作能力的提升是极为重要的，句子是作文的基本单元，文章是否成功主要是通过对句子结构进行分析，看每个句子是否完整，且表达形式是否正确。一篇优秀的作文通常情况下都具有严谨的句式结构，且保证语法清晰。

所以开展单词、语法及句型的练习在英语教学中是必不可少的，为学生从本源上进行写作能力的优化提供保证，促进学生全面发展是学校组织教学活动的主要目标，因此，开展教学的过程中，教师提升学生学习能力的同时，还需要加强学生交际能力，过去传统的教学理念已不适用于如今的教学实验课程，在此类课程中，教师需要保证学生的主体地位，加大学生锻炼机会，加强他们优秀文章与句子的模仿能力，并可进行复述，使得学生写作能力得到深化发展，并可以进行课外活动的开展，使学习与实际生活进行联系，听说能力的提升对学生学习能力的优化也有着积极意义，故还可以进行学生听说能力的相关训练。

（二）注重提高阅读的积累

从语篇的角度出发，成功的英语作文不仅仅是语句通畅，还需要有严密的组织结构，保证前后观点阐述的呼应等。可以通过学生的英语作文对学生的外语水平及逻辑思维、人生观、价值观等进行考察。教师在提高学生的语言技巧的同时，还要对学生的文化素养做进一步的加强。优秀的作文需要对作者的写作意图进行全面充分的表达。如果学生在写作之前没有进行全面思考，就无法对自身观点进行明确表达。在语句方面，由于大部分学生在英语作文写作过程中都是对母语进行文本翻译，所以如果没有很好地掌握母语，没有对母语有透彻的理解，是无法将母语翻译成贴切的第二语言的。很多教师在英语教学过程中对这一点有所忽视，过分重视语句，对语篇有所忽略。为了实现学生英语语感的进一步提高，教师在日常教学过程中要增加学生的阅读培训，鼓励学生在写作过程中发现英语与汉语的差异，使得学生可以一步步地通过地道的英语进行个人思想的表达。

二、实施诊断式写作教学模式

大学英语与其他学科相比，具有规模大和范围广的特点，学生英语基础和学习能力也存在显著的差异，一些能力较差的学生在学习英语时，可能会产生厌学心理，导致英语教学效率和质量与预期目标不符，高分低能、哑巴英语等现象也频繁出现。导致上述问题的成因是：第一，在制定教学计划时，将四、六级作为核心，不重视大学英语实践性特点，部分教师在教学阶段依然使用传统的教学模式。在日常教学阶段，将四、六级单词听写、题型训练作为教学重心，深受应试教育的影响。第二，时效低。在教学形式上，主要以区分基础教育和高等教育为主，在教学内容上存在重叠且衔接不当，再加上高校师资力量不足，最终导致问题迟迟无法解决。而诊断式教学模式的实施，则有助于上述问题的解决。

（一）重视中西文化的差异

在英语教学阶段，教学效率会受到教学方法、教育环境和教学模式的影响。其中，科学的教学模式，有利于调动学生学习英语的积极性，促使教学资源的作用充分发挥，取得“1+1 大于 2”的效果。此外，大学英语写作教学还要考虑中西方文化之间的差异，主要表现在以下方面：第一，在不同语境下，不同语言的使用存在差别，比如在中文语境下，老鼠代表胆小，但在英语语境下，小鸡可以代表胆小；第二，中国的母语是汉语，而英语属于第二语言，因此，学生在学习过程中可能会产生抵触情绪，并且在实际运用过程中，还会受到汉语体系的影响，导致英文写作不可避免地流露出汉语色彩。

（二）加深教学诊断的层次

诊断式教学作为英语教学模式的重要组成部分，对英语教学而言，具有十分重要的意义。事实上，教师审阅学生英语作文的过程，就属于教学诊断，但这种诊断的层次较低，与深层诊断相距甚远。在英文写作阶段，部分学生会将教师意见作为依据，对英文写作进行修正，但缺少明确的修改目的。因此，学生的英文水平也很难提升。针对此类现象，教师应该在诊断式教学模式下，以思想和行动为切入点，促使学生重视英文写作，并增加写作教学所占的比重。在教学方式上也要有效控制任务量，为教学精确性提供保障，以促进学生英文写作能力的提升。比如部分学生写作中的连贯性语句较少，为此，在写作教学过程中，教师可将带有连贯性词汇的语句作为重点教学内容，让学生在学习这些语句的同时，对句子间的逻辑关系进行理解，并掌握平行结构技巧，灵活运用过渡词汇，增强整篇文章的连贯性。

（三）依据教学目标实施诊断

保证该模式在大学英语写作教学各阶段都适用，并在此基础上完善和优化教学体系，是诊断式验证的主要目的。在传统教学模式下，大学英语写作教学重点主要包括词汇量、阅读量和语法，忽视了写作训练的重要性，教学质量也会因此而受到影响。建议教师在实施诊断式教学之前，对教学目标进行明确，并制定与目标相匹配的教学策略，以确保教学目标的实现，并更好地掌握全局。在写作诊断中，教师还要重视学生之间的个体差异，使学生真正认识到自身存在的问题，在分析问题成因后解决问题。

（四）构建写作教学诊断系统

首先，教师需要在巴班斯基理论的指导下构建诊断系统，借助该系统分析和安排教学要素和相关流程。与此同时，还要基于教学目标，开展句子诊断教学，以促进学生整体写作能力的发展，并引导其掌握与段落存在关联的写作模式，积累写作方法。在文章主题把握上，需要由教师和学生共同讨论，通过反思和感悟，促进自身写作和表达能力的提升。其次，诊断教学管理。诊断教学管理由三个方面组成，分别为交际策略、结果和过程。站在教师的角度而言，应加强对写作全环节的管理，通过有效地管理，培养学生的写作能力。最后，应用诊断教学。诊断教学模式的应用，可以分析问题的成因，其组成部分包括问题调查、问题分析、初步诊断和验证纠偏。在问题调查阶段，教师可以将教学主题作为切入点，考察学情，并分析教学活动特点。

三、实施母语负迁移纠正措施

通过纠错策略完成学生写作水平的切实提高可以从以下两个方面出发。第一步，倘若教师发现存在于学生写作过程中出现的错误时不可混为一谈，而是需要区别对待，尽管学生在一个班级中学习，但是每个学生的英语水平都有高低之分，与之匹配的写作能力也是存在差异的，教师需针对学生出现在词汇、句法及语篇负迁移方面的错误进行整理与归纳，并对正确引导方式加以利用，让学生对自己的初稿自行检查后并完成修正。第二步，利用投影的方式将出现在文章中的典型错误进行展示并开展讨论，促进老师及学生可以一起完成语言交流与思想交流，让大家对该类错误均有所关注并实施更正。纠错策略可以使犯错误的学生有更为深刻的印象。同时也可对其他学生进行警示，在老师的帮助下以防出现同类错误，纠错技巧的掌握对学生写作水平的提升大有裨益。大学阶段的英语写作课堂不能只关注写作任务的完成程度，同时教师还需要对完成质量加以保证，帮助学生尽可能减少母语对英语学习产生的干扰，老师纠错在学生学习的过程中发挥了重要作用，但同时我们也要培养学生进行自行纠错，或是进行同学间或小组成员间的纠错。通过学生自己对错误寻找，对母语干扰造成的常见错误有更深刻的认识，提高警惕，从而保证英语作文写作“原汁原味”。

（一）加强学生的词汇量积累

英语写作的基础就是词汇，学生要想在作文中进行观点及内容的精准表达，需要对英语词汇进行大量掌握，如果没有足够的词汇积累，就无法进行想法的精准表达，只有掌握足够的词汇，才能在文章中对其进行合理运用，最大化降低母语负迁移影响，教师在教学过程中要提高学生词汇教学的重视度，不断加强学生的词汇量积累，英文单词讲解过程中要让学生从英语角度出发对其中的含义进行理解，尽可能减少英语与汉语之间的关联，让学生用掌握的英语词汇去理解并掌握新的英语词汇，在帮助学生复习之前学过的单词的同时，可以使我们的同学在外语思维方面得到新的提高。学生在英语环境中进行英语学习会取得更好的学习效果，在英语单词学习过程中，要实现单词与词汇、语境与单词的有机融合，通过场景设计使得学生在实践中对单词的具体含义进行掌握，加深学生的词汇理解程度，使得学生可以在英语环境下更加精准地掌握单词的含义，教师在进行词汇讲解时，可以重点对反义词、常用词进行讲解，加强学生的词汇积累，培养学生的英语思维意识，提高学生的英语综合能力。

（二）克服情感态度的干扰

英文写作这项系统性工程需要花费大量的时间精力，很多学生对英文写作多报以应付的心态，草草了事，文章结构混乱，充斥着中式英语，语句结构矛盾重重。出现这些问题主要是由于学生没有从根本上对英语写作提高重视，在英语学习过程中的态度是极其不端正的，在实践教学过程中，教师需要为学生创造良好的学习环境及学习条件，激励大家以各种形式进行英语交流，从根本上培养学生英语思考能力，增加他们对外语学习的热爱。

（三）下意识处理英汉用法差异

汉语思维下的人一般会从事物整体出发对事物进行理解与掌握，在事物的理解过程中占据主动地位的是直观思维，西方国家有着更加严谨的思维方式，语言习惯对这种严谨的思维方式进行了直观体现，汉语的吃饭对一日三餐进行了笼统的概括，适用于任何时候；英语的一日三餐对应不同的单词，教师在英语教学过程中要对东西文化差异进行灵活运用及归纳总结，以使学生可以对英汉差异逐步掌握，并在写作过程中对其进行很好的运用。

（四）制定相应的解决方案

人们在进行问题思考时大部分存在思维定式的情况，学生要想实现创造性思维的发挥，需要对英语学习特点进行全面充分的把握，创造性思维是在对整篇文章有全面理解的基础上得到发展的，学生需要在全面掌握英语学习特点的基础上，实现自身创造性思维的发挥，创新英语写作，教师在实践教学过程中要鼓励学生对思维定式进行克服，在英文写作中实现思维的创造性发展，同时可以在平时利用多媒体教学及各项实践活动为学生创建良好的英语学习环境，使得学生可以在英语环境下对英语词汇的特定内涵进行思考，并在实际英语学习过程中加以应用，实现学生英语思维能力的提高与培养。

四、实施教师新角色的定位

（一）教学目标确立者

教学目标的确立是进一步开展教学工作的重要前提，准确完善的教学目标不仅能够为教师的具体工作开展提供依据和规范，有了科学有效的教育教学目标，针对大学英语写作教学的整体教学质量也能够同步得到优化和提升。这也从侧面反映出教学目标制定对于整个英语写作教学开展质量提升所具备的重要意义。从宏观上来讲，教师可将锻炼和提升学生的实践应用能力和跨文化交际能力作为英语写作教学在大学阶段的课程目标。从微观上来讲，教师应当以提升学生的写作能力和文章写作的质量水平为切入点，开展教育教学与写作针对性训练，达到预期的教学目标。而关于教学开展的灵活性，主要强调教师在构建实践学习和理论学习相结合的课堂教学模式时，应当将教师、学生及师生所共处的教学环境看作一个整体，加强师生之间基于写作能力训练的交流与沟通，从而营造一个轻松愉快的写作教学氛围，教师的教学开展也应当适当结合学生的自主需求在方式方法上进行调整。例如，可基于写作课程的宏观理论部分内容，依托大课的方式完成教学，随后再结合学生的写作学习兴趣及学习基础，在充分利用写作教学资源和素材的基础上，选择适当的教学方法进行个性化运用。例如，可通过举办英文朗诵大赛的方式，选取学生比较感兴趣的征文主题鼓励学生参与，教师在这个过程中可通过与学生进行集体沟通或个别指导的多种不同方式为学生的写作参赛作品提供指导。这种不拘泥于固定形式的课堂教学组织模式既是生态课堂教学模式的主要特征，也符合英语写作教学基于不同主题和情感表达内容对学生提出的不同类型的侧重点和具体要求。

（二）教学思维改变者

改变教学思维，移交学习主导权。课堂的进程不再由教师把握，主导权被移交到了学生们的手中。这是因为，相较于传统的教师传授知识的教学模式，教师新角色注重的是让学生们自主开展以学习任务为目标的学习活动，在这样的学习活动中有所收获，并提高各方面的知识和能力。这一过程势必要翻转课堂的主导权，传统的教学活动核心是教师，教师是知识的发起者也是课堂的发起者，学习的效率很大程度取决于教师们的讲课水平和职业素养，这就必须要求教师要把握学习的主导权。而由于学习活动的核心变成了学生们，这就意味着教师们对于教学质量高低的影响大大降低了，取而代之的是学生们自己的投入度和参与度，更高的投入度意味着能够对学习目标有一个更好的思考和探索，也就意味着将会获得更好的学习效果。

因此，要想成功高效地开展英语写作教学，教师们首先要树立学习主权转变的观念，给予学生们更大的自主权，并且提高他们写作课堂的参与度和投入度，一改往常死气沉沉的课堂气氛。否则，看似在形式上学生们拥有着极大的主导权利，但实际上无论是教师还是学生都没有参与到课堂中来，英语写作教学的高效开展成了一个名存实亡的表面文章，无法起到有效的教育教学效果。

（三）教学任务导向者

无论是在什么样的课堂教学中，课堂的进行一定是需要一个主线的，在传统的教学方式中，这样的主线索一般是由教师的教案或者是教学方法来决定的，使课堂的进程不会有很大偏差，能够紧密地与教学目标相关联，而缺点就是与学生们的交流互动不够，大家无法很好地紧跟教学主线来展开学习。那么教学任务导向者就可以很好地解决写作课堂中的这个问题，在课堂中，学习进行的主线索便成了教师们实现规定好的学习目标，而学习的过程则需要学生们自己来进行探索和选择，就好比之前的学习过程像是导航仪，每一步都指导学生们怎么走，保证了正确性却也大大丧失了差异性，大家都千篇一律，而教学任务导向者的课堂就好像在地图上给小学生们标出了宝箱的藏宝地点，而去寻找宝箱的路需要自己去规划和探索，这就强迫学生们必须参与其中，否则会寸步难行。

在进行英语课堂教学时，教师们需要设计好以任务为导向的课堂线索，因为这是学生们开展学习任务的目标和方向，任务设计的好坏直接影响了学生们的学习方向是否正确，学习效率是否达标。因此，教师们要依照本节课的学习目标，设置合理的学习任务，以保证课堂的高效性和易于执行性。同时也强调了教学任务导向者中“任务”这一核心要素。

综上所述，转变教师角色，重新定位教师新角色，目的是强调引导的作用。在英语写作教学中，教师们所扮演的角色也有很大的改变，由于课堂的主导权从教师的手中移交到了学生们的手中，那么从另一个角度来说，教师对课堂所起到的影响也变得更加小了。为了适应这种变化，教师们需要有一个正确的角色转变意识，转变自己在课堂中所扮演的角色，以此来适应任务教学法的上课节奏。教师角色转变影响的学习效果主要是由学生们对于学习目标进行自主探索和研究而获得的，那么确保探索和研究的高质量就是保证学习质量的关键。在这个过程中，教师们要扮演的并不是手把手教导的角色，而是在适当的时候展开引导的角色，教师要注意角色的把握程度。

在进行任务的研究过程中，如果教师们过多地参与，那么会导致学生们的思考程度降低，更多地去依赖教师的帮助来获得研究成果，学习的质量不够高，会出现类似于揠苗助长的效果。此外，如果教师参与得过少，那么在遇到一些难以解决的问题时，学生们会反复碰壁，在一次又一次的失败中逐渐失去学习的兴趣和信心，大大影响课堂的效率。因此，适当地引导也是必要的，在学生们遇到一些靠自己比较难以克服的困难时，就需要教师的帮助。教师们要找准自己在课堂中的定位，扮演好“引路人”的角色，既不过多地参与又要在适当的时候进行引导，推动课堂的进行。

第五节　英语写作教学评价方法

随着我国新课改的发展与现代教育水平的提高，原有的英语写作教学评价方式已不再符合现代学生的多元化学习需求。而同伴互评机制在英语写作教学中的应用，则可充分发挥学生学习的主体作用，落实“以生为本，因材施教”素质教育理念，进一步提高教师与学生双向互动交流的积极性。除此之外，还有学生自评，下面主要介绍同伴互评机制在英语写作教学中的应用。

一、同伴互评

（一）含义概述

所谓同伴互评反馈机制，指的是在学习期间，以合作学习小组的方式，对组内成员，也就是同伴间相互交换的阅读文本进行评价与反馈，评价对方完成的阅读文本完整度、有效度与正确性，以及指出对方所写文本内存在的缺点，并为其提出几点有效的、正确的修改反馈建议，从而促使双方达到预期学习效果的一种写作教学活动。同伴反馈机制的构建，是建立在社会构建主义及第二语言理论知识学习基础上，被视为能够有效影响第二语言学习者的文本输出质量，反馈学习者在学习第二语言时，存在的瓶颈与遭遇的困境，是新课改提出背景下，国内外英语写作教学运用较多的一种新型英语写作教学方法。这种全新的英语写作教学方法属于一种过程教学法，注重对学习者英语写作学习过程的反馈，重视引导学生以小组合作互助的学习方式自主完成学习，是交际教学法与小组合作自主学习法的完美结合。同伴互评反馈机制在英语写作教学中的应用，强调学生互动合作，要求英语专业教师应引导学生与其他个体展开有效的交流与互动，促使学生自身的认知结构得到不断完善发展，从而获得一种更加高效的学习效果。

从字面意思上理解，是指学生与学生之间通过对事物的交换实现互相测评，然后结合测评指标，学生可以了解到自身在学习过程中存在的问题。同伴互评的整个过程是以某一类学习任务为主体，依据现有的知识体系，对学习任务进行深度探讨，找出其中存在的不足并给予相关修改意见。对于英语写作教学来讲，同伴互评主要是指学生与学生之间对写作内容进行测评，其是以自身认知能力为基础，对学生所写的内容进行优缺点分析，且在整个测评过程中，学生与学生之间呈现一定的交互性特点，其可以是一种共同协商、共同书写的形式，逐步对写作中存在的问题进行深度分析，此类交互学习可以进一步提高学生的写作质量。

从理论角度来看，同伴互评是基于合作学习模式而提出的，其旨在为学生提供深度交流，然后以认知体系为基础，测定出当前学习内容中存在的问题并加以改正，这样通过学生与学生之间的有效交互，可以将自身的学习思维进行延伸，保证学生知识体系之间呈现一定的融合效果，缩减学生之间的差距。此外，同伴互评之间可以有效强化课堂的趣味性，通过对固有课堂的机械化、单一化教导模式进行改进，以小组讨论或学生与学生个体之间的交流为主，令整个课堂教学呈现一定的分化效果，以提高整体教学质量。

（二）注意事项分析

若想实现同伴互评反馈机制在英语写作教学中的有效运用，相关英语专业教师就必须要注重自身传统应试教育理念的改革，重视创新自身英语写作教学方法，积极采用与同伴互评反馈机制最适合的小组合作学习法，将班级中的学生分成若干学习小组。发挥“以生为本”教育理念的实质作用，针对学生的学习诉求、发展需求与学习能力，深入探索英语教材中存在的疑难知识点，为学生布置英语写作任务。然后在完成写作任务后，实施同伴互评反馈机制，让小组成员相互交换写作成果，阅读彼此的英语作文，提出文章中存在的问题与漏洞，并给出几点客观的修改意见。整个基于同伴互评反馈机制下的英语写作教学流程，大致可分为：教师掌握学生个体差异情况—深挖英语教材知识点—提出英语写作题目—学生形成初稿—学生自评—学生形成二稿—小组成员互评—学生修改—教师评改—最终定稿。在此过程中，英语专业教师在应用同伴互评反馈机制开展写作教学时，需要注意以下几点：要制定符合学生个体差异情况的互评反馈标准、细化写作评分标准、实施评改培训、根据学生学习情况组建学习小组、注重激励教学法的应用及教学时效性的合理把控等。只有注意上述几点，才能确保同伴评价反馈机制的应用合理、有效，符合学生需求与英语写作教学规范。具体有以下几点。

1. 方法培训

学生在利用同伴互评的方法，对写作内容进行测评时，教师必须先对学生进行整体化培训，讲解同伴互评中的重点，然后通过案例的形式向学生解析每一步测评机制所存在的价值，同时在与学生探讨过程中应重点将易出现错误的环节进行分析，然后依托于现阶段写作内容，制定出合理的测评规则。例如，教师可以对部分句式用法、词汇用法等方面，设定加分环节，然后可以通过小组活动之间的任务进度来对整个团队进行加分设定，这样便可有效提高学生在互评过程中的积极性。对案例进行分析时，教师必须全过程应用到自身所设定的原则，注意解读内容、互评过程中的重点，然后令学生以此类互评形式对内容本身进行检测，提高实际测评质量。

2. 树立互评思想

同伴互评教学方法的引进是对传统课堂教育的一种突破，但从学生角度而言，在固有的应试教育体制下，学生自身思维已经形成一种趋于机械化的学习思想，这就造成同伴互评教学方法的引进，在学生学习思维中产生一种抵触的现象。与此同时，部分学生对于自身写作的作品，很大程度上是不愿意被别人评价的，这类思想将成为学生抵触同伴互评教学引用的重要阻碍，进而令后续测评过程中产生不积极的现象。对于此，教师在引导过程中，必须为学生树立正确的测评观念，依托于教学案例，对测评所起到的实际写作效应进行价值化分析，这样为学生树立正确的测评思想，以此来提高整个同伴互评在学生认知体系中的权重值。

3. 建设课堂氛围

传统英语写作课堂具有一定的成本性，学生只是单一地对内容知识进行书写，其无法有效形成一种基于主观能动性的学习情绪调节，这就造成整体课堂氛围呈现一定的沉闷感。对于此，教师在引入同伴互评教学方法时，必须以学生为出发点，构建具有多元性、趣味性及融洽性的教学氛围，令学生真正参与到同伴互评中，当团队内的某一位学生产生一定的兴趣，此类积极思想将带动其他学生进而产生一个良好的学习氛围。除此之外，当学生测评完整体写作内容时，教师则应对学生的作品及同伴测评指标进行检测，然后提出相关意见，以此为学生树立正确的学习信息，令学生与学生在逐步测评与交互过程中达到同步提升的效用。

（三）应用策略

1. 同伴互评方法训练

首先，同伴互评施行的前提是学生与学生之间应具备一定的信任感，保证学生在对作品进行解析时，可以从主观与客观两个角度分析出写作内容中存在的问题，而不是以学生自身情绪的带入对整个写作内容进行情绪化解读。对此，同伴互评机制的应用，必须强化学生与学生之间的信任关系，令学生充分融合到整个测评机制中。其次，应针对学生在现有的写作内容测评环节加深学生测评方法的训练，令学生真正了解到内容测评之间存在的价值及原则，这样可有效保证学生在测评时，可以对内容进行重点分析，以此来强化学生与学生之间的沟通能力。此外，教师必须担任教学指导的角色，充分发现学生在互评过程中所存在的问题及错误的测评思维，然后在学生与学生相合作的小组内起到一个协调作用，以此来避免学生在互评过程之间产生不信任的现象。最后，必须建立出较为精细的测评基准，从写作内容、写作结构及词汇语言应用等方面，对每一类写作内容进行细分处理，且通过应用实例解析出评价形式及整个写作内容所具有的价值属性，然后依托于写作层次的开设，建立出顶层与底层的内容对接进而为同伴互评之间的评价基准提供数据支撑。

2. 组建同伴评价反馈组

首先，英语专业教师可通过新学期开学测试，确定班级学生的学习情况、基础知识掌握情况及知识水平等，然后再通过组织开展班级主题会，与学生深入沟通和交流，了解班级学生的个性喜好与个体差异情况，便于为后续的同伴评价反馈小组构建提供有效的理论依据。其次，针对学生个体差异情况，利用自身已掌握的相关理论依据，按照学生的需求与实际情况，将其合理地分为不同评价反馈小组，一组可设置 3~5 人，考虑班级人数过多可适当加重学生互评的负担，从而降低互评反馈效果，每组学习成员不宜超过 5 人。小组人数的组建方式，第一可以宿舍为单位进行组建，这样有利于学习小组无论在课堂中，还是在课前写作或是课后修改中，都有足够的时间进行充分交流与互动。宿舍间的学习小组成员也会因彼此之间比较熟悉，在相互评价反馈中更能够畅所欲言，不需要忌讳什么。第二可引导学生自由组建互评反馈小组，这种小组组建方式可最大限度地与学生兴趣爱好达成一致，满足以生为本素质教育理念要求。但也有个缺点，容易导致互评小组出现学习水平分配不均，先进生在一起、后进生在一起等，难以影响彼此写作能力的提高。此外，合理组建同伴互评反馈学习小组后，相关专业教师还应充分发挥自身引导者作用，为学生提供一些同伴互评反馈等常用词汇与专业术语，提高英语写作教学的水平与专业程度，尽量消除学生间存在的不信任感，提高同伴互评反馈效果。

一番殚精竭虑、搜肠刮肚的写作之后，学生虽依据习作评价标准进行了自评和初改，但这还不能满足他们的心理需求。此时的他们，急切地渴望知道别人对自己习作的评价，同时，又对同伴写出什么样的习作充满好奇。他们已等不及几天之后才会姗姗来迟的教师点评。在此时开展的学生之间互评互改，如及时雨般，解了他们的“渴”，又为他们的写作打开了一扇窗。学生在互评互改中，以同龄人的“对等”视角来评价同伴的习作，既能发掘出被教师和家长居高临下“俯视”视角忽视的灵性火花，又避免了学生自评时“不识庐山真面目，只缘身在此山中”的迷茫。他们相互借鉴，相互启发，相互探讨，共同促进了写作水平的提升。

（1）四人小组互评互改

由先进、中等、后进各个等级学生组成四人小组，是最为常见的学习平台。小组互评时，首先，由全组四人高声朗读习作，圈画精彩语句，然后借助习作评价标准，逐个轮流评价，在这过程中，学生可以质疑、解释、反驳、补充等，充分地合作探究。其次，小组商议得出总评，由小组长执笔写在习作上。全体成员都评改完后，推选出一篇最佳习作。

（2）线上班级群互评互改

利用微信、QQ、钉钉等各种媒体资源，组建写作交流群，方便快捷，受众面广，为学生的互评互改提供了更大的平台。当四人小组推选出的佳作和好句，可以上传到班级群时，学生、教师一起围观，无论是全篇上传的优生，还是只传佳句的中差生，都感受到了习作发表般的成功感。

（3）班级小报互评互改

创立班级小报，让学生的习作真正变成铅字，学生的写作自信与成功感会被激发到极点，学生为争取发表的机会，会改得特别用心。登在小报上的习作已较为成熟，但仍要让学生对小报上发表的作文进行评议与修改。这个阶段的评议以发现亮点的鼓励性评价为主，但鉴赏水平高的学生仍能发现瑕疵，并继续“挑刺”，而这些高水平的“刺头儿”，往往有较高的写作能力。让学生不但会写、会评，而且愿评、乐评。

3. 确定互评反馈执行标准

若想充分发挥同伴互评反馈机制在英语写作教学中的作用，就必须针对英语写作教学内容，确定互评反馈机制的执行标准。因为一套好的同伴互评反馈机制建设，可有效帮助学生在英语写作过程中，找到自己的准确定位，了解自身英语写作能力都有哪些需要改进、哪些是自己的长处，发现自己和他人之间存在的差距，进而帮助学生后续的英语写作目标，促使其能够在后续写作中加以重视与改进。首先，英语写作教学中的同伴互评反馈机制建设，可分为两种，即表层的遣词、造句和深层的旨归与连贯。鉴于此，英语专业教师应将同伴互评反馈机制的评价标准分为两个梯度。第一个梯度表层部分应将评价总分设置为 50 分，评价标准和内容为英语写作中的拼写错误扣 3 分；时态、固态、语法应用及句法固定搭配应用错误一个扣 5 分；名词的数与格式错误扣 2 分。第二个梯度则以深层部分总分为 50，评价标准与内容的设置，则应按照宏观层面进行设置，即观察英语写作内容是否紧扣主题，英语内容行文布置是否流畅，过渡句使用得是否得当，以及作文中是否具有使用得当的高级词汇和创新用法等。前三者在互评中若是发现错误问题，应合理扣其 10~15 分，后者则应酌情提分，给予激励机制和表扬。

4. 强化高水平学生的学习促进效用

从学生的英语基础能力来看，大部分学生语言基础能力较弱，其在对写作时无法正确将自身对内容的感知通过语言形式进行表达，当此类问题延伸到学生个体中时，将产生高水平学生与低水平学生之间的差距。从另一方面来看，则是基础能力较差的学生，可以从内容互评过程中了解到基础能力较高的学生写作思想，而基础能力较高的学生则很难在基础能力较差的学生写作内容中收获知识，这样便有可能降低基础能力强的学生参与兴趣。对于此，教师在应用同伴互评教学方法时，必须考虑到高水平学生自身对学习的信心及整体学习方向，冲脱出固有的班级局限及专业局限，在内开展英语写作活动，基础能力较强的学生群体对写作内容进行互相测评，这样在同等级的测评机制下，可以深度激发出学生对学习的兴趣。院校可以构建与英语写作内容为主的数据库，其可由英语题材、英语视频及各类音频、散文等，保证各类知识内容的建设，可以为学生提供指导意见，这样学生通过平台以突破传统课堂教学空间与时间的局限，真正利用碎片化时间，激发出自身对英语写作的热爱之情。在互评过程中，可以强化学生的认知能力，得出高质量的测评方案，并令其作用于基础能力较差的学生群体中，起到指引性作用，以缩减学生个体之间的学习差异，这样便可有效提高学生整体的英语写作能力。

总而言之，在英语写作教学中，若是能建设出机制合理、标准合理、内容合理的同伴互评反馈机制，促使其得以合理开展，不仅可全面提高学生英语整体协作能力，促进班级学生与教师在课堂中进行有效的互动和交流，激发学生学习兴趣，调动其积极参与性，进一步营造和谐、轻松愉快的英语写作教学氛围。还可进一步提高英语写作教学质量和效率，减轻英语教师的工作压力与负担，达到双方互促共赢，一举多得的教学效果。因此，同伴互评反馈机制的建设，是每位英语教育工作者不可忽视的重要内容。

二、课堂自评

（一）具体内容

每次开展英语写作练习活动，教师需着重强调让学生认真做好写作练习，并在学生开展自评活动之前给予他们适当的指导。可以先让学生根据具体的写作要求，实施与之相对应的自我评价。自我评价的具体内容可以包含：（1）写作中的要点内容是否完整，文章的结构层次是否清晰；（2）文章段落的安排是否恰当，整篇文章的过渡内容连接是否自然；（3）文章句式的运用是否多样化，文章整体内容的表达是否贴切；（4）文章语言的主谓词是否一致，英语单词的拼写和标点符号的运用是否正确；（5）作文中时态人称的运用是否合理。之后再让学生找出文章中他们自认为写得相对较好的语句，或者让学生找出写作中表达较为完美的部分。实施这一过程的时间相对较短，学生能很快选择出自己文章中他们认为写得相对较好的段落或语句，或者从中选择出他们自认为较为优美的语句。这一步是学生对自己写作劳动成果的反思，以自查的方式检验自我英语写作是否满意。通过以自我评价的方式让学生在完成写作之后，能够静下心来反思自己完成的英语作文质量的高低，然后再对自己完成的英语作文进行润色并加以调整，直至完成的英语作文能让自己满意为止。

（二）自评方法

教育评价标准联合委员会（JSCEE）曾于 2002 年发布《课堂评价标准》，对课堂使用的评价提出了质量要求：关注学习期望，搜集准确信息，关注结果运用，有元评价的机制。为了更好地实现促学作用，实施长期的课堂自评应注意使用合适的方法。

1. 设计评价量表

总的来说，评价量表的设计是“思考—列举—分组”和“标示—应用与修改”的过程。整合已有研究，可以得到关于英语学习自评量表设计较为完整的做法。

（1）思考。这是量表设计中最关键的阶段，思考的内容主要是语言与表述，评价维度设定和水平描述。

①语言与表述：评价量表应该使用积极的、学生能够理解的语言书写，术语表达应保持一致，目标的表述力求有利于学习迁移产生，做到跨任务通用。

②评价维度设定：在一个较长阶段中，评价维度总体上应紧贴课程目标，同时循序渐进，呈现螺旋式发展；选择评价维度应该针对学习而非课上的某一任务或活动，这能有效地将学生的注意力从活动转移到学习的内容上。

③水平描述：水平描述应该可测且可实现。任务描述不仅是评价的标准，还应统一师生对课堂学习的质量观，成为学生自评建设性反馈的主要来源，促进学生进步。

（2）列举。在设计中应该先全面地列举课堂上涉及的学习目标，再精选其中约 7 个作为评价维度用于学生自评。

（3）分组与标示。在确定需要呈现的评价维度后，可按语言技能、语言知识、情感态度、学习策略和文化意识进行分组和标示。

（4）应用与修改。将设计好的量表应用于课堂自评前，教师应该仔细对量表内容进行解释，定期进行对评价量表的元评价做相应改进。

随着评价量表更加深入地研究与使用，教师可以借助云端存储、分享已有评价量表，并结合评价量表网络资源进行修改。这对每位教师评价量表使用与修改的经验积累和风格形成都非常有益。教师还应该积极跟进教育评价智能化的研究成果，积极地把智能化成果与评价量表的设计与使用相结合，努力克服自评局限。

2. 营造自评氛围

当教师给予反馈的方式给学生带来一种压迫感，或者一种自尊上的威胁，那么学生很可能对这些信息产生抵触，从而不会顾及这些信息是否正确，更不会去运用这些信息，自评中评价者的焦虑感很可能使结果产生巨大的误差。因此，在实施课堂自评中需要营造恰当舒适的氛围。首先，在课堂自评前要先跟学生和家长充分交流、解释，使他们明白自评并非测试，自评的结果也不会影响家长、学生对学生个人的看法。其次，课堂自评过程不应出现分数和排位，以此强调努力过程，形成以进步为荣的学习氛围。最后，在评价量表外观设计中，可加入色彩、图标、图案等元素，或通过智能终端呈现友好而活泼的自评界面与观感，以舒缓学生自评可能产生的不安情绪，增强对活动的适应性。

3. 多样化的分享活动

课堂自评实施过程不应只着眼于评价量表的投放与结果统计。进行阶段性反思总结和学生间的分享交流活动能提高其参与度，增强自评促学效果。学生在反思上的主动性和掌控感成正相关。因此，课堂自评应让学生明白学习和讨论才是反思的核心。能与他人交流自己的学习情况是理想学习者需要具备的品质。保障课堂自评的质量，可以通过形成学习共同体，促进分享与合作实现。对课堂自评结果定期的总结与反思，可以用图表、反思日志、短视频展示、Vlog 记录、VR 联网作品播放等方式呈现。学生通过学习讨论会、日志漂流互评、视频评论等多样的方式实现交流与借鉴。教师也可以在活动过程选择具有榜样意义、进步较大的学生作品进行点评，达到引导的作用。课堂自评活动还可以由师生根据实际情况协商调整，并且在实践中因地制宜地探索恰当的手段提高自评促学的效果。

（三）自评标准

要让学生学会评价习作，首先，得先让他们手中有一把衡量作文好坏的尺子——“习作评价标准”。这个标准好比火车头，引导着学生的习作不偏离轨道，又快又稳地向着“好作文”的目标进发。它贯穿学生写作、自评、互评、修改的全过程，对学生的习作有着举足轻重的影响。一个有效的习作评价标准要做到以下几点。

1. 学生自主制定标准

评价标准应注意将教师的评价、学生的自我评价及学生之间的相互评价相结合，加强学生的自我评价和相互评价，促进学生主动学习，自我反思。习作评价标准不再是教师强制施与的，而是在教师的引导下，学生在自主讨论的基础上形成的，这样的转变，充分调动了学生学习的主观能动性，变被动为主动，变“要我这样写”为“我要这样写”，从而唤醒了学生的习作热情，提高了学生的责任心，使他们自觉自发地在习作中遵守这个标准，践行这个标准，增强了学生的写作自控意识。

2. 作前定标准

习作评价标准是习作的方向标，一篇习作制定什么样的标准，就会催生什么样的习作。它是学生习作的目标导向，所以，习作标准制定的时机非常关键，一定要在学生动笔写作之前制定，才能有助于学生自觉把控选材、构思、修改等整个写作环节。部分教师会在学生作文写完的习作讲评环节，才突然空降一个习作评价标准，让学生交流评议定星，学生直至此时方知“呀！原来要这样写才能得高分”。这个迟到的标准常会打得学生措手不及、无所适从，甚至要把原先写好的作文推倒重来，如此事倍功半，既挫伤了学生的写作自信心，也是作文教学高耗低效的原因之一。

3. 明确写作要求

教材里的每篇习作都有自己的写作要求，这些习作要求往往蕴含着写作密码，而这些密码恰恰是构成习作评价标准的关键要素。但这些写作要求常常描述得过于笼统，不利于学生理解与实际操作。这就需要教师引导学生，将笼统的、概念化的要求，转变为简单的、操作性强的评价细则。

（四）自评意义

与大型测评项目相比，课堂评价的可贵在于其便捷性与促学性。作为“为了学习的评价（Assessment for Learning）”的典型代表，它的主要功能在于定位学习目标、现状，寻求弥补目标与现状之间的差距方法。课堂自评以促学为目标打通学习中的反馈通路，为培养学生有效的学习反思助力。它对智能化改造的高度适应不仅推动着教育评价智能化的发展，还为自身局限性的突破提供可能。

1. 优化学习过程

促进学习的课堂活动优化常从教学入手，以教师反思推动的行动研究、多方合作，形成“教、学、改、进、协、作”等方式进行。但在学习者的视角，上述优化措施依然没有触及学习过程存在的反馈片面、随机、不及时等缺陷。

将评价量表应用于课堂自评，能让学习目标全面而清晰地先于教学呈现给学生。量表自评也是学生及时对本节课学习过程、学习表现进行反思的过程。

在仅采用一般课堂评价手段的课堂中，学生学习过程为学习、完成测试，练习或他人评价仅是对学习结果的外部评价，因此，学习的过程变成了基于外部评价进行调整的试错过程，即被动的外部评价带来的是二次学习。课堂自评引入合理的学习反馈机制，让学生在学习时有恰当的目标与期待。学习后主动反思，使学生对后续的学习目标与期待越发清晰。

对学生开放学习评价权利，有利于提升他们的主动性，减缓其对学习的焦虑与无助感，使学习的过程更为合理畅通。

2. 助力学习反思

借助评价量表的课堂自评能让学习反思更为全面。评价应从培养学生英语学科核心素养相关的多个层次和侧面来反映学生的成长，凸显其优势领域。相应的课堂自评借助评价量表列举课堂学习目标，为学生学习、反思提供全面的依据，为确定后续学习目标提供指导，为制定合理的学习计划做出参考。

课堂自评活动通过定期总结反思，培养学生反思学习的习惯。在阶段学习结束后，学生通过查阅评价量表，以文字、图表、视频形式进行自评总结，促使其在评价量表中积极思考，探寻量表信息背后对自身学习有促进或阻碍作用的因素。

鼓励学生互动与交流，升华课堂自评的反思质量。单凭教师个人提供反馈的力量是有限的，借助同伴的力量开展交流活动，在鼓励学生积极、理性评价其他学生分享的学习反思时，也能获得学生对自己提出的反馈与建议。借鉴同伴创新有效的方法，优化自身学习反思。

反思的理念贯穿于课堂自评的全过程，提升学生学习反思能力、学会有效学习反思，是运用课堂自评促学最重要的教育价值所在。

3. 推动智能化教育评价

人工智能与教育的跨界融合是当前教育发展的重要取向。评价手段从纸质化向数字化转变的时代正在到来。对教育评价结果的深入分析困难且耗费时力，如果课堂评价只重结果，不重过程，发展易形成常态，最终阻碍教育生态的健康发展。

课堂自评活动促使教师从学生的角度关注每个课堂目标的设定与衡量。通过传达每节课的学习目标及达成目标的表现，让师生构建基于教学质量的协商途径。课堂自评活动除了以评价量表的形式给学生进行学习评价必要的指引，还能用丰富多样的活动培养学生参与评价习惯，为学生适应教育评价智能化作好铺垫。自评从来都未曾作为主流的学习评价手段，主要原因在于自评的质量难以保障。课堂自评通过推动教师对学生学习质量的关注及自评习惯的养成，使学生高质量地参与智能化教育评价成为可能。课堂自评中评价量表、总结展示及分享互动能有效适应教育评价的智能化。同时，课堂自评活动中个人偏见、月晕效应、逻辑谬误等局限性，也能通过教育评价智能化得到有效控制。学生课堂自评使用的评价量表可以通过教师预设学期教学目标智能生成，并根据学生自评结果对下节课的学习目标个性化定制，用技术手段调整学生自评误差。另外，评价量表也能借鉴课堂应答系统的形式，实现即时数据搜集反馈，增进课堂自评的反馈效率与使用意义。再者，通过虚拟现实等各种智能化技术，除了能拓宽课堂自评活动对更多课堂活动类型的适应性，还能增强学生沟通与分享的乐趣，促使学生在课余时间主动积极地参与总结与反思活动。

三、教师评价

随着新课程教育改革的实施和深入，每一位学生都蕴藏着巨大的发展潜能，每一位学生都具有自我的独特性。在开展英语写作评价活动时，教师不仅需要尊重每一位学生，而且也要学会根据每一位学生的具体情况赞赏他们的英语写作，以此对学生进行鼓励。教师在批改学生的英语作文时，可以用红笔将英语作文中表达优美的语句着重标记出来，并做好相应的好评记录，然后在课堂评价时将这些优美的英语语句朗读给全班学生欣赏，让全班学生都能够品味和学习这些具有代表性的优美语句。教师在开展英语写作教学活动的过程中，可以多用激励性和积极性的肯定评语批改作文，充分发挥教师在英语写作教学中积极的示范作用，同时又能充分激发学生学习英语写作知识的积极性和主动性。教师评价环节是英语作文教学中的一项重要环节，具有很高的权威性和准确性，不仅能够让教师及时了解学生真实的英语写作学习情况，同时也是督促学生开展英语写作练习活动的主要手段，以此为基础，可以实现学生英语写作水平的有效提升。

（一）病例修改法

每一个学生都有自己的写作习惯和写作风格，这是一件好事，但也可能存在潜藏的问题。当学生写作时，常常会犯相同的错误，比如语言逻辑不通畅、基本语法错误等。每个学生具体的写作技能掌握情况有所差异。对此，教师需要利用“病例”修改法，有的放矢地指导学生进行学习。

在学生完成写作之后，教师可以将学生的作文统一收上来批改。然后教师要一条一条清晰地为学生在写作内容下注明问题。教师在给学生建议时，要充分关注语言的表达性。教师不应当直接指出学生做得不好的地方，或者一味地批评指责学生多次错误的地方。可以换一种“商量和建议”的口吻，为学生指明方向，告诉学生这样做或许会更好，然后给学生空间进行探索。同时对于学生在写作中出彩的地方，教师也要用特别的记号标示出来。切记不可直接使用大叉或者否定性的符号在学生的作业本上批注，这种否定的消极评价有可能挫伤学生的积极性。教师利用“病例”修改法写出学生的问题，对于问题较多的学生采用一对一辅导的方式展开教学。在私下沟通时，教师要多给予学生正面评价，告知学生其能力并没有问题，只要有针对性地锻炼技能，其写作水平便能够提升。

教师利用“病例”修改法进行评价，有利于让学生在复习总结写作内容的时候，及时关注教师的评语，并将教师的评语搜集起来，将错误较多的地方重点自查。除此之外，教师在评价的时候要及时在学生的作文本上加入一些鼓励性的语言，为了增强学生的写作自信心，还可以将优秀的句子摘录下来，并且在作文点评课上加以展示，让全班学生一起学习。

（二）二次评价法

写作和修改相比，后者往往让学生更为痛苦。在教师对学生给予点评之后，许多学生拿到作文本，往往将其放置一边，并没有花费较多的心思修改文章。对此，教师就需要利用“二次”评价法对学生实行分层教学。“二次”评价法的具体做法是：让学生在拿到教师的修改意见之后进行二次修改，并在此基础上反思和总结，然后教师再一次评价学生修改过后的作文内容。这时，教师评价的侧重点在于学生自查和总结的能力，对于写作基础较好且问题较少的学生，教师可以让其进行自我修缮，再增添一些闪光点，而对于那些问题较多的学生，教师可以在私下进行有针对性的指导。

教师利用“二次”评价法进行写作教学，能够有效提升学生对作文修改的重视程度。对于英语基础较好且自律性较高的学生而言，其自我总结、自我反思的能力能够逐步提高，而那些英语基础较为薄弱、自觉性较差的学生也会感受到教师的重视，从而更加认真地进行修改。在“二次”评价的过程中，教师需要与学生进行正面的沟通和交流，将一些具体批改语句展开为学生讲解。同时教师要注意评价语言的使用多元化，对于不同性格的学生需要采用不同的语言。

（三）指标评价法

教师在学生开始写作之前，要为学生明确评价的指标，在学生明确写作的目标和标准之后，才能够做到心中有数，尽量在写作过程中达到相应的要求。教师的评判也要有理有据。学生在完成写作之后，能够根据教师的要求与自身进行对比，找出差距。此时，教师再利用指标去评价学生所写的文章，能够更加直观地反映出学生的问题。

教师在具体评价的时候，也可以根据设定的标准一条一条进行点评，更加有针对性。总之，教师评价方式要求教师学会用生动、委婉和活泼的语言与学生进行对话，并提示学生在写作过程中有待提升的地方。教师利用多元化的评价方式，让学生意识到自我总结、自我整理和自我修改的重要性，提升学生的自主能力，同时让学生对“修改”一事持正面积极的态度，不断打磨写作技巧，提升写作技能。

四、集体点评

集体点评指的是班级中的所有学生共同批改一篇作文，在开展英语写作教学活动中，教师可以将某一篇极具代表性的作文展示在课堂教学上，让全班学生对此篇作文进行统一批改。而这种集体批改英语作文的方式可谓是将集体的作用充分发挥出来，在对批改作文的过程中，作文的作者能够清楚地认识到自己在写作过程中存在的错误和不足，以此为基础学生就应该知道怎么修改文章。在对文章进行修改的过程中不断改进自己的不足，最终实现英语写作水平的不断进步，这样将非常有利于学生英语整体写作水平的提升。对于学生开展英语写作活动过程中存在的共识性错误，教师可以在此关键环节提出自己的见解，然后与学生共同针对此内容进行讨论和交流，集中对共性错误予以纠正，并给予学生充足的反思过程。

综上所述，面对英语作文学习，部分学生会表现畏难情绪，而学生在毕业后，英语写作水平或多或少会影响工作的选择，所以在大学阶段，英语写作的学习不应放弃。多元化评价方式的应用不仅可以提高英语教学效率，而且还能提高学生的英语组织能力，拓展学生的英语学习思维空间，为学生今后就业奠定良好基础。

第三章　英语写作教学中的教师反馈

英语写作教学中的反馈对英语教学的发展起着促进作用，且英语写作中的教学反馈形式也较多。本章将围绕教师反馈概述、教师反馈在英语写作教学中的运用、教师反馈的作用与意义进行具体介绍。

第一节　教师反馈概述

反馈是英语写作课堂教学的重要组成环节之一，是促进学生英语写作能力提高的有效途径。

一、相关概念阐述

（一）英语写作教学的概念

虽然国内外学者对英语写作教学的概念具有不同的理解，但学者们一致同意英语写作的三个主要过程。通过对写作教学研究的归纳与总结，可以将写作过程分成三个步骤：写前阶段、写作阶段、后写作阶段。写前阶段即是作者初步选择适当的观点表达想法的阶段，想法与观点的深度如何、角度如何，是考量写作水平高低的因素之一。写作阶段是将成熟的思维以书面的形式表达出来的阶段，此步骤不仅是引导学生凝练语言、组织文章布局的过程，也是思维训练的过程。此外，后写作阶段属于写作者对写作文本进行修改的阶段，学生对教师反馈后的作文不断进行修改，对写作内容进行升华，是促进学生写作水平提高的重要阶段。

（二）教师反馈的概念

国内外学者主要从两个角度来论述教师反馈的概念。从语言学角度而言，教师反馈主要是指为了满足学生学习的需要，教师对学生的学习情况进行反馈，以此来回应学生的需求，帮助学生了解学习的变化情况，教师则更有针对性地进行教学。从心理学角度而言，教师反馈主要指为满足学生的心理需求，对学生的情感态度进行培养，以此来促进学生思维品质的提高。一般来说，学生倾向于教师对他们的写作内容给出修改建议，其建议主要包括语言形式和思路想法等。

在当代网络教育迅速发展的背景下，教师有了新的角色和身份。在依托相关教学软件发展的基础上，教师有了为学生提供反馈的新型教学系统，使学生可以获得新的反馈资源，在管理学生学习的作用中，教师扮演着极其重要的角色。

其中，教师反馈可以分为语言反馈和非语言反馈两大类。

语言反馈是指教师通过语言评价的方法指导学生学习的过程。语言反馈包括以下几类：(1) 简单认可。如"good""You are right"等。(2) 纠正错误。学生如回答问题产生错误，教师可以首先说出"Your answer is wrong"，再详细指出错误之处。(3) 引导思考。为强化学习效果，如学生回答问题出现一定错误，教师要引导学生开展独立思考，使其真正掌握其中所体现的知识点。

非语言反馈主要指借助肢体动作、面部表情进行的教师反馈。这其中主要包括以下两种形式：(1) 肢体反馈。教师在开展教学过程中，可利用手势、动作向学生传递反馈信息，如点头、摇头、鼓掌等。(2) 面部反馈。教师可通过面部表情的变化对学生回答问题的情况进行反馈。如点头微笑或微皱眉头，学生看到教师的表情即可判断出答案的正确与否。

二、国内外教师反馈研究

（一）国外学者对教师反馈的研究

教师反馈是传统的写作反馈方式，国外对教师反馈的相关研究起步较早且内容全面。下面主要从教师反馈有效性及学生对教师反馈的态度两方面对文献进行综述。

在研究教师反馈是否有效方面，国外学者表现相互对立的态度。由于学生处于青春期，有时会对教师的指导行为和误解行为产生很大的反感心理，因此，导致学生们不愿意花费太多时间去关注教师所反馈的内容。另外，有学者认为教师的反馈在一定程度上会打压学生写作的积极性及内容方面的创造性，不利于培养和提高学生的写作能力。而且，教师反馈对学生作文的内容、结构与表达复杂度不存在明显影响。与上述质疑教师反馈有效性的观点不同，另一些研究者则十分肯定教师反馈的意义。有学者认为获得教师反馈与否对学生的进步有很大影响，未获得反馈的学生相比于得到反馈的学生而言作文进步缓慢甚至停滞不前。对于获得反馈后认真思考并理解教师反馈内容的学生，其语言的准确性和复杂度都会得到明显提升，因此，可以说教师的直接反馈形式是进一步提高学生写作水平的最佳方式。通过教师反馈的方式，还可以培养学生的书面写作能力及其语言表达能力。在学生对教师反馈的态度方面，学生对教师反馈的信赖程度更高，但小部分学生对于教师反馈持有消极的态度，因为教师反馈在一定程度上会致使学生产生压力感。有学者总结了一些学生在接受教师反馈过程中的情感变化：由开始的沮丧到不满，最后转为困惑，这些消极的情绪非常不利于学生对反馈内容的理解与采用。

综上所述，虽然学者对于教师反馈的有效性持不同立场，学生对教师反馈的态度也不尽相同，但毋庸置疑的是教师反馈始终占据着写作反馈的核心地位，由此表明了教师反馈的重要性。

（二）国内学者对教师反馈的研究

国内学者对教师反馈的研究方向与国外的文献研究相类似，因此，将从以下两方面对教师反馈在国内的相关研究进行综述。

在教师反馈的有效性方面，教师及时地反馈对学生英语作文质量具有正面影响。通过将教师反馈与同伴反馈进行对比，非英语专业的大学生认为教师反馈对其文章的组织、思想的表达、语法错误的纠正有很大帮助。因此，有学者认为，教师反馈有助于培养和提升我国大学生英语书面写作技巧与思辨能力，还可以提高学生自我效能感，在语法、篇章和内容三方面具有有效性。

在学生对教师反馈的态度方面，国内学者进行了广泛研究。非英语专业大学生更信任、更依赖教师反馈，而硕士生在接受同伴反馈与教师反馈时态度差异并不大。因此，有学者认为非英语专业的大多数学生由于教师反馈的有效性和专业性，所以更喜欢接受教师反馈。

综上所述，国内许多学者在借鉴国外的研究理论与成果的基础上，对于教师反馈进行了大量研究。国外研究对教师反馈的有效性及学生对其的接受态度方面都存在质疑，与前者不同的是，国内关于教师反馈的有效性及学生对教师反馈态度的研究均呈现积极结果，肯定了教师反馈对学生英语写作的帮助，这或许是受到我国尊师重道的传统文化所熏陶。

三、实施教师反馈的基本原则

（一）以平等、尊重为基点

学生作为英语写作课堂教学的主体，要求教师务必充分发挥学生的主体性，并通过构造和谐温馨的师生关系，为学生营造良好的写作学习氛围，让学生能够在潜移默化中得到英语知识的熏陶。因此，在大学英语写作课堂中，教师反馈必须要以平等、尊重为基点，保护大学生的自尊心，教师反馈必须具备包容性与发展性，切忌对学生造成语言攻击，使师生关系更为融洽，影响学生的学习积极性，提高学生的课堂参与度，大大提高英语写作学习效果。

（二）以学习目标为导向

教师反馈作为教学活动中的重要环节，实施教师反馈的过程中务必以学习目标为导向，开展的教学活动与反馈都要以学习目标为基准，提高学生英语技能，促使学生养成良好的学习习惯，发挥学生的主体性作用，通过踊跃的课堂互动讨论，实现大学英语学习目标，不仅能够实现学生学习成绩的大幅度提升，也有利于课堂效率的提高，化被动为主动，让学生能够转变学习态度。

（三）以启发引导为核心

对英语知识的掌握与学习，情境教学对学生的影响较为深远，使学生能够在趣味性极强的学习环境中更好地集中注意力。而在实施教师反馈中，教师更应该以启发引导为核心，使学生可以在情境学习环境中自主思考探究，并根据教师给予的提示，多角度、全方位地思考与探索，启发学生的思维，发挥学生学习主动性，促使学生综合学习能力的提升。

（四）以改善促进为目的

在教师反馈中，不仅要以平等与尊重为基点、以学习目标为导向、以启发引导为核心，更要以改善促进为目的，重视师生间的互动，让学生能够了解教师反馈的实际意义，明确自身学习上的不足并加以弥补。另外，积极的教师反馈能够让学生明确自身学习优势，学生也可以根据教师反馈主动调整学习方法，在教师的反馈引导下自觉发现学习错误，激发学生的写作学习兴趣，进而活跃学习氛围，有助于学生在英语写作学习过程中保持高度集中，实现不断改进与自我完善。

四、影响教师反馈质量的因素

（一）反馈方式

为提升英语教学效率，教师需采取灵活多样的教学反馈方式，与学生形成良性互动。但由于某些教师忽视了教学反馈的重要性，仅单纯使用“Yes”“No”等最为简单的语言，致使反馈效果不佳。因此，教师需在教学过程中不断总结经验，找到最佳的教学反馈方式，调动起学生的学习积极性。

（二）反馈内容

反馈内容直接决定着反馈效果，因某些教师不善于运用反馈策略，未能收到良好的反馈效果。这主要体现在以下方面：（1）反馈内容狭隘。由于对教材研究不够深入，未能找到较多适合应用反馈机制的内容。（2）反馈形式单一。某些教师仅采用“Yes”“No”来进行反馈，导致学生不能了解回答问题正确或错误的具体原因。

（三）学生认知

每名学生的学习能力及认识水平均有所不同，教师如采取相同的反馈方法，则不利于学生的进步。如针对学习能力稍弱的学生，教师在反馈时应突出表扬，使学生获得强烈信心，激发其学习热情。如针对学习成绩较强的学生，教师要善于引导学生开拓思维，培养其学习能力。

第二节 教师反馈在英语写作教学中的运用

一、教师反馈的三个时间视角

（一）正馈——聚焦当前要实现的目标

正馈回答的是“我要去哪里？”或“目标是什么？”的问题，它着眼于当下，是将学习者当前状态与期望的目标状态进行比较的反馈。因此，正馈与预期目标紧密相关，这意味着教师需要了解学生的学情，设定合适的目标，并清晰地传达给学生。其中最为关键的两个要素是学习意图（learning intention）和成功标准（success criteria）。这里所说的“学习意图”类似于通常讲的学习目标。好的目标必须处于学习者的最近发展区，有适度的挑战性，不能过于简单，但也不能过于困难。分享学习意图有助于学生对整个学习旅程形成一种“大局观”，理解自己当前的学习进度。教师在表述学习意图时，应该采取真实和去情境化的语言，从而更有利于知识和技能的迁移。成功标准是对学习意图的分解，它明确告知学生必须做到什么才能实现学习意图。成功标准是结果导向的，它将学习意图分解成一些可操作的步骤或要素，从而为学习的质量提供了一个基准，其形式可以是检查单、量规或样例等。成功标准和学习意图是紧密联系的，两者在发挥效果时是相辅相成的。当成功标准是由教师和学生共同设定时，学生就有更大的概率理解和内化其含义，并形成目标概念。

（二）反馈——聚焦对过去的反思

反馈回答的是“我进展如何？”或“朝向目标，我取得了哪些进步？”，它关注过去，是将学习者当前状态与先前状态进行比较的反馈。反馈聚焦于学习者已经实现了哪些进步，因而通常释放出一种积极的信号，更能增强学习者的学习动机。反馈的信息往往来源于测验、考试或者其他评估学生理解情况的策略。当测验或考试的结果被用于告知他们在学习任务中的哪些方面取得成功或遇到失败，而不是作为总结性评价或用于与其他学生的比较时，它们就可以发挥反馈的作用。除了测验和考试，教师还可以在学生参与任务时，通过提问来揭示学生的理解水平，提供即时的反馈。

（三）前馈——聚焦对未来的规划

反馈回答的是“下一步去哪里？”或“为了取得更大的进步，我需要怎么做？”，它关注未来，是基于学习者当前状态来阐明目标状态的反馈。前馈聚焦于学习者未来的目标是什么，他们可以采取哪些策略改进学习。这是学习者最感兴趣的一种反馈类型，它告知学习者需要对未来学习有一个计划，让他们对自己的学习产生更强的自主感和掌控感。因此，前馈能够把学习者引向更有挑战性的学习任务，达到更高水平的自我调节、熟练度和自动化，掌握更多处理任务的策略和步骤，实现对知识更深层的理解，获得更多关于自己知道什么和不知道什么的信息。

二、不同形式的教师反馈

（一）纠正反馈

纠正反馈对于学生语言构建起着重要的作用。纠正反馈一般来说指的是学生在语言学习方面出现错误或者回答的不当不规范时，教师要否认并且指出学生所出现的错误即纠错。例如“No，that’s wrong.”“I think you are not right.”等直接的显性纠错，或者要求学生改正所出现的错误“Could you correct it？”“Do you mean it？”等隐性的纠错。但是值得注意的是，教师反馈语的运用一定要做到鼓励为主，否则很容易使学生丧失自信，对语言的学习产生心理抵触。对于较小的语言错误，甚至是“口误”，例如，学生说“She like swimming”，教师可以通过变换句子成分进行隐形纠错“Do you mean she likes swimming？”，教师运用反馈鼓励学生进行自我改正。如不能自我改正，就需要教师的帮助了。有两种方式，一种是教师可以自己指正该名学生的错误之处，另一种方式是教师通过询问的方式，带动班级的其他学生一起帮助该名学生，让全体学生都能参与，并且避免同类错误发生。需要注意的是，如果运用第二种方式，一定要保证此名出错的学生不会感到羞辱等不良情感，在鼓励全体学生参与活动的同时，保护出错学生的积极性。

根据课堂教学的目标制定采用何种纠正反馈方式。教师在进行纠正反馈时，必须充分考虑此堂课的教学目标是什么，通过教学目标来判断是否进行纠正，什么时机进行纠正，以及运用什么方式进行纠正。从而保证课堂教学的顺利进行。如果出现了教师过分纠正的行为，会致使出错的学生感到焦虑，同时会导致课堂上参与纠正的学生倍感压力，不敢参与，导致互动减少，教学效果减弱。

（二）评估反馈

评论学生的分数，或者在课堂上的回答，如“You are right.”“Well done！”等，都属于评估反馈。其中包括积极反馈和消极反馈。教师用表示肯定的话语对学生的语言输出表达赞成，例如，“Yes”“Wonderful”和“Good job”等简单的表达，或者是反馈后加以点评，例如，“Good，You are right，pay attention to your pronunciation”，还可以引导并启发学生更多的语言输出。评估反馈一般应用于纠正反馈之前，教师对学生进行评估反馈后，可以不进行纠正反馈，但是，如果纠正反馈前不评估，就稍显突兀了。评估反馈一定程度上可能对于学生会有一种“丢了面子”的感觉，而纠正反馈一定程度上也被学生看成是“惩罚”，所以作为教师，进行反馈的时候要注意行为心理学当中提到的反馈的作用，即被反馈者的认识程度，反馈者的目的和方式决定了反馈能起到什么样的效果。其中被反馈者的认识程度至关重要，在课堂教学中，教师所选择的反馈的目的和方式取决于学生本身的认识。学生认为教师反馈的目的和方式如果是注重信息的传递而不是对其进行监控的话，对于其自身来说是更有帮助的，能够给学生提供语言学习信息的同时，还能增强学习动机。所以，教师在进行反馈时，应该多关注学生自身的情况，因为学生自身的认识对于教师反馈的效果有直接作用。同时，教师反馈的目的、形式及数量对于学生的认识和动机影响很大，进而影响学习效果。评估反馈当中包括了对于学习者语言的正确与错误的判断，我们应该端正认识，对错误也要有积极肯定的态度。

教师反馈是学生学习语言的重要来源，对学生理解教学内容和纠正语言错误起着至关重要的作用。师生良好互动可以帮助学生的语言学习，让学生更多更好地参与课堂活动和师生活动中来，利于学习者的二语输出，促进二语习得的进一步发展。反之，不当的教师反馈有可能会影响学生学习语言的积极性，致使学生不敢参加师生互动和课堂活动，从而不利于教学活动的顺利进行，阻碍了学生语言的学习。因此，教师在进行教学反馈时应该关注学生的反馈需求，使课堂教学轻松愉快，让学生能够主动地参加学习活动，教师要采取多种多样的教学反馈模式，使学生对于语言学习有兴趣、有动力、有信心，开发语言潜力，培养英语交际能力，最终提高教学效果。

（三）即时反馈

即时反馈是指教师在进行教学的过程中，及时得到学生学习状态等多方面信息，并对学生的各种行为做出正确的引导，以便让学生取得更好的学习成果。即时反馈是一种即时的行为，其效果很大程度上受教师现场发挥的影响，对学生学习效果的影响也是即时的。师生通过反馈来实现互动，能提高教学质量，让学生的学习能力得到切实提高。即时反馈还能让教师第一时间发现学生学习中的薄弱环节，教师可以通过优化反馈，来及时纠正学生学习中的错误，帮助学生养成良好的学习习惯。即时反馈还具有一定的约束性，在反馈的过程中，很多行为都是即兴发生的，学生在这种相对紧张的氛围中，更容易在课堂教学上集中注意力，这对教学质量的提高也有一定的帮助。

（1）激发学生兴趣，主动参与学习

采用即时反馈进行学习反馈，形式较为新颖，学生乐于接受。教师可借助软件平台，实时看到未反馈学生，并予以帮助、提醒；学生之间互相看到反馈进度，未反馈者由此产生一种紧迫感，更主动参与。统计结果全班共享，学生既为和多数学生做出同样的反馈而高兴，也会为偶尔特立独行的选择而沉思、反刍。教师还可以隐藏学生的反馈明细，让学生可以更放心、更大胆地表达真实的学习情况。

（2）促进教师反思，提高教学质量

大部分大学存在校内教学质量不佳、教学思路不够清晰、不能满足教学需求、教学效果也达不到预期的问题。普遍来说，学生的接受能力及自觉性不强，不能很好地完成正常的学习任务，教师也常常找不到合适的教学方法，课堂上的“教”与“学”出现了一些脱节。只有在课堂上留出时间对学生进行即时反馈与评价，并在实践中形成一套完整的体系，这样才能及时诊断教学中存在的问题，促进教师的自我反思和改进，从而做出有效的调整与补偿，达到提高教学效率的目的。

（3）进行教学改革，提升教学效率

立足于大学英语课堂教学，引导教师树立服务意识，从传统较为单一的角色转变为多重角色，树立新型的教育观念；引导学生自我反思，变被动学习为主动学习，树立自主学习观；教学设计由关注教材转变为关注学生，树立以学生为主体的教学设计观。即时反馈对英语教学改革非常重要，因为它是在实践中对课堂教学进行改革。在新课标大力推行的情况下，更应跟上时代的发展。大学英语教学体系因即时反馈体系的完善而逐渐发生改变，教学效率得到明显的提升，学生在课堂上的表现更加专注。

（4）发现教学薄弱环节，调整教学方法

大学中相当一部分学生在英语学习方面会遇到非常大的困难，这给教师开展高效英语教学带来一定的阻碍。教师的反馈容易受到情绪的影响，有些教师甚至采用狭隘的消极反馈、局限肤浅的反馈或过分夸张的反馈等，长此以往会对学生产生极为不利的影响，降低学生的学习兴趣，在一定程度上加重了大学英语课堂问题的严重性。因此，即时反馈在英语教学中的频繁运用及不断摸索，总结出不少经验，真实反映学生当前的学习状态，发现课堂教学的薄弱环节和学生现有知识体系中的薄弱之处，有针对性地调整教学方法，切实提高课堂教学的质量。

三、教师反馈存在的问题

（一）缺乏独特性与丰富性

很多学生对英语教师反馈都存在一定抵触，认为部分教师反馈缺乏独特性与丰富性，语言较为重复且单调。而造成这一现象的原因则是教师忽略了学生的个体差异性，对学生良好的课堂表现，教师反馈也总是千篇一律，例如，“very good”“excellent”等。另外，很多教师并没有意识到结合实际教学情境进行教学反馈，不利于学生自我意识的唤醒，导致学生的学习积极性被逐渐磨灭，不利于学生自我潜能的充分发挥。

（二）缺乏针对性和引导性

目前，在英语课堂教学中，很多教师对学生表现的表扬或批评都不具有针对性及指导性，对学生课堂回答的反馈不够确切，在一定程度上忽略了学生话语中想要表达的想法，导致教师反馈流于形式，教师常使用如“OK”“All right”等反馈语，对学生的实际回答并没有细致的分析，也难以深入挖掘学生的思维过程。因此，英语教师务必养成良好的倾听习惯，适时采取进一步提问，引导学生的深入思考与探索。

（三）缺乏人文性和关怀性

由于很多英语教师没有意识到学生的潜在能力，在反馈过程中缺少对学生思维的启发。此外，一些生硬、判断性语言容易挫伤学生的学习积极性，导致学生自尊心受损，不利于学生英语能力的提高。因此，英语教师要在反馈中注重情感关怀，为学生营造温暖舒心的学习氛围，让学生可以在教师的爱与鼓励下学习英语。

四、教师反馈的优化方式

（一）制定评价量表

课堂观察评价量表是将学生课堂表现量化的一种方法，对教师反馈来说是非常有用的。在英语课堂上，教师可以使用三个级别的评价量表，内含 A 级、B 级和 C 级。在纵向上，教师还可以以评价量表评价学生除学习之外的行为，比如课堂学习的态度、进行英语学习的积极性、课堂表现、团队合作能力、逻辑思维能力、创新思维能力等。A 级为在当前考察项目中表现最优秀，B 级次之，C 级为表现不佳。需要注意的是，复杂的评价体系需要足够的时间对学生进行周全的考察，虽然这对教师的教学工作是一项巨大的挑战，但是对提高英语课堂的教学质量、教师制定针对性的教学策略都是非常有帮助的。

（二）完善反馈原则

不可否认的是，学生能力的不同，会导致他们在学习英语时表现也有所不同。教师可以针对不同水平的学生使用不同的反馈原则，目的是让学生都能得到鼓励，淡化学生差距，让每一个学生都能在学习中获取成就感，保持积极性。比如，在对成绩较好的学生和成绩较差的学生进行反馈时，教师可以采取不同的教学反馈标准，以鼓励为主，切忌用成绩好的学生来刺激成绩较差的学生，以免打击他们的积极性，导致教学质量难以提升。教师对学生需要进行长期反馈，通过长期的反馈来发现学生能力上的变化，并在实践中针对反馈方法进行调整，让其更好地适应新时代的英语教学，帮助学生提高学习能力，同时让课堂氛围变得更好，让学生养成学习英语的好习惯。

（三）优化反馈形式

良好的反馈能提升课堂教学效率，教师应采取多种形式的反馈方法，使学生能实时掌握学习效果。如学生在回答完问题后，教师不应仅使用“Yes”“No”来表达反馈结果，可使用“That’s right”“Thank you for answering”等，既能对学生予以肯定，又可以使学生得到认同感。另外在进行否定反馈时，教师切不可完全否定学生，应在指出错误后，及时说出“Please pay attention to it”，提醒学生记牢此知识点。

（四）培养反馈意识

教师专业素质直接影响到课堂教学质量，因此，教师需不断学习前沿教学理念，培养反馈意识。教师可将反馈机制编写到教学设计中，在课堂教学时，学生在准确回答问题后，教师可说：“Clap your hands”，借助此方式，不仅极大地提升了回答问题学生的信心，还使全体学生乐于参与课堂教学。

（五）关注学生个体

随着小组合作学习模式走入英语课堂，教师不应仅关注反馈小组的学习状况，还要关心每一名学生的具体表现。教师在学生回答完毕后，要对每一名学生进行评价。

为切实提升英语教学效果，教师应采取积极的反馈策略，建立良好的师生互动关系，及时了解学生的学习情况，为进一步制定教学策略提供参考依据。因此，教师要优化反馈方式、建立反馈意识、重视学生个体发展等，培养学生学习英语的兴趣，为今后的学习打下坚实的基础。

第三节　教师反馈的作用与意义

一、培养学生学习能力

（一）完善学生的知识结构

在学习新知识时，当学生无法在原有的知识储备中就“为什么、怎么办”找到答案时，会向教师求教。此时教师给予及时的、恰当的反馈将引导学生发现新旧知识间的联系，借此展开对两者的比较、分析，最后顺藤摸瓜般地探寻到事物发展的规律，掌握新知，填补知识结构中的空白。

（二）激发学生的学习自主性

教师在解答问题的过程中，要举例、论证，展现整个思维过程。学生在听讲解的过程中，了解别人具体的思维轨迹。见识过的思维方式越多，学生的思考视角越多维，思维越活跃。

学生愿意提问，说明有求知欲。教师及时答疑，帮助学生，让学生在探索中收获满满，会给学生带来愉快的情感体验，这样的体验会增强学生的自我效能感。积极的自我效能感反过来进一步激发学生的求知欲和学习动力，促使学生愿意进行下一次探索，调动学习的主动性。

（三）孕育学生的问题意识

教师及时对学生的提问做出反馈，是在暗示学生这个问题很重要，为了完成当前的学习任务，需要把它弄明白。这将让学生看到提问这一行为本身的价值，增强提问的信心。同时，让学生感受到教师对这种行为是认可和提倡的。在接下来的学习中，学生会更积极地思考，并大胆提出问题。长此以往，学生的问题意识得到培养，随之思维的逻辑性、表述的清晰度都会有质的提升。这样，学生不仅想提问了，而且能提好问了。

二、培养教师反馈素养

教师反馈对于促进学生原有水平的发展具有导向作用，反馈不仅客观反映学生真实的情况，更应该面向学生在不断发展中的需求，提供有针对性的学习支持。教师反馈素养不仅具有专业素养特征，也是对专业概念的细化拓展和情境化呈现，以促进其价值的拓展。

反馈策略的研究为改进学生学习方式提供了证据。反馈是基于反馈双方的信息传递，教师反馈策略会在一定程度上影响学生的学习投入和改进。例如，在二语教学过程中，教师书面或口头反馈能有效促进学生高水平地完成写作任务。教师反馈策略也在其他学科有所体现，包括线上、线下和混合教学场景等；不同反馈策略的结合有助于教学效能的提升，如教师反馈和同伴反馈。两种反馈策略的结合效果要优于单方面反馈，但在提升学生写作水平上，影响力更为显著的仍是教师反馈。

反馈与评价在教学过程中往往并存。但教师反馈就是教师评价吗？显然不是。评价和反馈不能被同等对待，也不能混为一谈。其实，评价与反馈过程往往并存，甚至在理论和实践上纠缠在一起，导致它们独特的目的在概念和实践上变得模糊。为此，区分反馈与评价，以及剥离开它们在共存活动中的差异是必要的。在教学实践中，结果性评价出现在学习活动终端，强化了考核性质；形成性评价作为一种参考和补充，使得大家对这种评价的“反馈功能”效用感受较低。良好的反馈机制是师生双向互动的行为，需要教师进行精细设计，脱离不了教学评价，但多渠道的反馈信息有助于激励学习者的投入和激发学习的内驱力。学生在学习过程中，需要更多具体的反馈信息而不是笼统的评价分数。近些年来，教育更加重视过程性和形成性评价，要想促进学生进一步改进，就需要不断关注评价过程中的反馈。

教师反馈素养的发展是提升教师反馈能力的核心。教师反馈的功能在于有效地支持学生的学习投入。当前教师反馈普遍存在于课堂教学中，但教师缺乏对教学过程的系统性反馈需求的重视，反馈形式单一、不够及时，甚至缺乏效度。因此，亟须从关注教师反馈能力的发展转到提升其反馈素养层面。

（1）从内涵上加以丰富和深化

以往的研究仅仅将教师反馈作为教学过程的一个环节，体现为一种教学能力，从而在研究过程中缺乏对其相关要素的探索。教师反馈不仅是一种能力，更应该包含知识基础和情意表达，是一种专业性素养。只有从内涵上丰富它，才能在实践中发展和体现它的价值。教师反馈的价值体现在让反馈消息的接受方明晰其内容，更应该促进学生为主体的被反馈者找到思考或行动的方向。为此，教师自身的知识基础或情意状态不仅会影响其反馈的方式和效果，同时教师是否能动地观察所做出的反馈产生的状况也取决于其素养。教师掌握反馈的知识，树立正确的反馈观念，践行和优化基于技术手段的反馈教学，才有助于提升当前以互动为核心的教学实践。

传统教学反馈有时过于单一，甚至包含着批评等负面反馈，学生自尊心经常受到打击，从而导致学生对学习产生抵触情绪。好的教师则会通过设计积极的反馈内容，改变反馈的方式，通过满足学生的不同反馈需求，为学生感知反馈、降低情绪紧张而提供支持。当然，并不是说，所有的反馈必须是肯定的，但应该是积极的、充满不同的个性需求，以通过个性化的反馈信息来增强学生的自我效能感，真正达到反馈是为了改进，或促进改进的效果。

（2）提升信息技术水平

教师借助信息化手段实施反馈的同时，不应忽略反馈的本质在于促进学生对知识的理解、学习的投入与学习效能感的提升。自动测评的学习系统，尽管可以减轻教师反馈的工作负荷，但未必能有效激发出学生高阶的自我监控的学习能力。教师信息化素养不仅要加强在线教学输出，更要强调教学反馈。教师也可以鼓励学生利用基于技术的交互手段去寻求反馈，提出自身探究的问题，表达个性化需求，甚至通过评估反馈形成有效的自我评价。教育信息化时代，教师应积极提升信息技术水平，利用技术加强对反馈策略的选择和输出，能够积极地开展师生反馈循环，并通过训练、指导及塑造有意义的反馈行为来为学生提供支持。技术时代的反馈也更加强调反馈是否能够被学习者感知或理解，从而通过在线支持下的双向互动以促进学习者的投入。

（3）学校做好相应保障

要培养教师反馈素养，学校相关的软硬件支持是先决条件。教师所在的学校和教育部门，往往是促进教师反馈、提升反馈素养的重要力量，体现在专业设备的引入（随堂互动反馈技术、反馈信息管理网站等）和提供学习机会等方面。反馈信息管理系统的引入，将会为教师带来比传统课堂更多的学习行为数据和信息，如何解读和利用这些分析技术和信息，为反馈提供依据，从而提高反馈的质量，也需要教师深入探索和学习。教师还可以借助可视化工具深入了解学生在线讨论与同伴反馈的过程，发现讨论中的离题、冲突、停滞与突破情况，从而更加及时地向学生提供精准反馈。可以说，教师反馈素养是教师评价素养、数据素养等专业素养的进一步拓展，更是未来教学效能提升和促进学生反馈素养形成的关键要素。教师不仅要加强在评价导向时代的反馈，也需要通过掌握信息技术来赋能反馈。新技术的掌握固然需要花费一定的时间和精力，但基于互动反馈技术的教学过程有望促进学生的积极参与，激发学习者的学习兴趣。所以，这样的付出是值得的，也是教师面对时代的责任与使命。

三、提升英语教学效率

（一）指出学生错误并引导改正

在大学英语教学中，教师可以采用直接反馈的方式。例如，学生课堂回答，教师可以针对回答内容指出问题所在并引导学生改正；又如学生写作，即划出写作中的错误并在旁边给出订正，删除多余部分，增补缺少部分。直接反馈可以节省批阅时间，即刻订正错误，让学生迅速知道自己的错误和纠正方式，如此便可以有更多时间记忆答案，从而提高学习效率。这样的直接反馈可以让学生准确了解自己的错误所在，能够精准改正。大部分学生喜欢直接反馈，但对于直接反馈后的效果来看并不乐观，学生虽然喜欢这种反馈形式，但对于这种形式具体有什么效果，却难以言说。比如学生在修改作文的时候，只是把教师的订正直接抄了下来，并未多做思考。即使成绩好的学生对于某处的订正不理解，也仍然没有想办法解决，只是把教师的订正抄了过去。由此可见，在直接反馈中，不少学生把其当成了答案缺乏真正深入地思考。

针对此，教师在直接反馈中，不仅要直接指出学生的错误，为他们提供修改方案，更应该重视学生对于这些反馈的看法。比如学生是否理解如此回答的意义，接受写作修改的方案，是否还有更好的修改方法及能否在下一次主动规避错误等。这样才能通过反馈增进师生之间的交流，让学生更加重视反馈，并从反馈中真正获得学习的机会。

（二）设计反馈评语并自主纠正

在教师反馈中，教师可以采用部分反馈的方式。例如，在作文中划出内容以及结构方面的错误并订正，或用评语的形式告诉学生如何订正，在缺失部分注明增补符号，针对形式方面的错误进行划线等。这样的反馈方式可以让学生一次性修改完成比较难的问题，引发深入思考，让学生对于需要修改却不知道如何修改的地方与学生交流、询问教师等，对于比较简单的问题进行自主修改，从而加深印象，提高自我修改能力。通过这种反馈方式，学生不仅能够发现自己写作中的不足，还能根据自己的知识和经验进行修改，为自主思考提供了机会。英语学习能力强的学生比较喜欢这种反馈，因为学生比较容易忽视拼写、语法、连词使用不当、词性用错、用词不当、词语赘用等类问题，在教师的提示下可以自主修改，但对于结构不完整、前后不连贯等问题，则需要教师的科学辅助，这对于学生深入思考并掌握技巧也是十分重要的。

基于此，在英语教学中，教师应结合学生的英语学习能力进行反馈指导，确保学生能够在具备一定自主学习空间的条件下提升学习能力。

（三）分析错误原因并做出改正

在大学英语教学中，教师可以通过间接反馈，让学生清楚地了解自己的错因，并在理解错因的同时加深印象，从而在下一次有效避免犯同样的错误。通过给出的错因自行订正，还可以让学生主动思考，这对学生而言是一种很好的锻炼，有助于自身英语水平的提升。这样的反馈可以给予学生更多的自主思考空间，让学生在掌握错误原因的基础上明确修改方向，最终完成学习任务。当然，这种采用分析错因的反馈形式依然存在一定的问题。例如，一些学生不能完全订正自己的错误，还有一些学生由于自己对某个知识点运用不灵活而出错，在修改中干脆放弃使用，改正更为简单的知识点，从而影响了修改效果。针对此，教师应做好反馈与指导，促使学生能够在原有水平的基础上不断提升英语能力。

综上所述，在大学英语教学中，教师反馈是一项极为复杂的工程，很难用单一的方法获得全面效果。教师应当采取多种形式，寻求更加有效、更为适合学生的反馈方法，让他们能够接受并重视反馈结果，并能根据反馈指导主动修改、完善学习问题，切实提高英语综合表达能力。

四、构建教师反馈素养框架

随着信息技术全面融入学校教育，教师如何利用技术给予学生必要、及时、丰富和个性化的反馈，以促进学习者合理应对反馈策略，促进其有效构建反馈信息，这对于教师的专业能力和信息素养来说都是新的考验。有学者曾经提出一个包含三个维度（Design、Relational、Pragmatic Dimension）的教师反馈素养框架。如表 3-3-1 所示，三个维度分别从设计、关系、实践层面进行阐述。设计维度指教师能够设计反馈教学流程，从而促进学生有效构建信息；关系维度指教师能够在与学生的沟通和反馈过程中保持敏锐，并通过建立良好的师生和生生之间的信任关系促进学生的反馈感知；实践维度则探讨教师如何发挥协同效应，将学校作为教师专业协同社群，设法处理好学生多学科间反馈实践中可能存在的冲突问题并提升反馈效能。

随着信息技术的发展，教师反馈素养呈现新的内涵。基于音视频的数字化教学反馈形式，包括带有表情符号的反馈，往往比文本形式的常规反馈更受学生喜欢，也能提供学生情感、智力等方面的信息反馈。在使用技术提供反馈的过程中，注重对学生在交互过程中的情感引导，是增强学生反馈感知的良好手段。教师应促进学生参与反馈互动，鼓励学生有效利用技术手段向教师主动提出问题、表达观点、讲述思路，通过让学生承担更多责任，反馈才有可能促进学生自主学习和深度学习。在反馈过程中，教师需要发挥协同效应，尊重和回应学生差异化的反馈需求，借助技术工具获取学生知识、情感、智力、动机等多方面的学习信息，为实施因材施教和分层教学提供科学参考，根据多元化的调研信息为学生提供更精准的学习指导。

表 3-3-1　教师反馈素养框架的三个维度

素养要素	设计维度	关系维度	实践维度
认知	知道多种反馈和基于反馈双方信息传递的原理，选择合适的技术支持反馈	知道学生有哪些反馈组合，指导学生保存、回顾、检索和寻求相关的反馈信息	知道反馈技术在多学科环境中应用的原理和发展需求
能力	恰当地使用反馈和技术，如视频、音频等丰富反馈内容	激发学生有效利用反馈进行自我评价，增加学生对反馈内容的有效构建	跨学科写作，参与专业学习社群共享反馈应用技术，提升反馈效能和策略
情意	关注学生差异化的反馈需求，重视情感、智力、动机等的反馈信息	关注基于反馈技术，学生自我调节能力提升的多元路径	重视反馈技术创新，发展学生高阶思维

综合来看，在当前教育信息化时期关注创新教学生态、深化评价改革的背景下，仍需要不断提升教师反馈素养，以促进学习者在教师有效反馈的支持下获得实质性的学习效果。

第四章　英语写作教学中的同伴反馈

上一章节谈到了教师反馈在英语写作教学中的应用与意义，下面谈一谈同伴反馈在英语写作教学中的应用及意义。本章将围绕同伴反馈概述、同伴反馈在英语写作教学中的运用、同伴反馈的作用与意义进行具体介绍。

第一节　同伴反馈概述

一、同伴反馈的概念

反馈在学习过程中是非常重要的一个环节，能够让学习者意识到自身的学习程度、认知发展能力，并依据反馈结果来巩固学习成果。在英语写作教学中，反馈的内容是读者对写作者输入信息的回应，其作用是让写作者了解到写作的优点和劣势，使其找到文章修改的方向和重点。学生英语写作能力的提升在很大程度上依赖于反馈的质量和结果。同伴反馈（peer feedback），是反馈方式之中的一种表现形式，建立在小组学习的基础上，小组成员之间相互阅读其他成员的文章，并给出写作和修改的建议。这里所说的建议可以是口头形式的，也可以是书面形式的。

同伴反馈建立在合作学习理论（collaborative learning theory）和支架理论（scaffolding theory）的基础上，作为一种第二语言，英语的学习必须以交互为重要条件。合作学习理论认为将学生划分为不同的小组，可以让学生之间通过商讨和协商来探讨写作技巧、进行语法和词汇讲解。同伴是和学生自身处于同一个学习立场和学习地位的群体，在沟通和反馈上更加顺畅和便于理解，读者意识可以在此过程中得到循序渐进的积累，并形成将信息主动构建成为知识的能力。就近发展区理论也揭示了同伴反馈的原理，同伴之间的认知发展能力相似，在相互帮助和发展的过程中可以提升写作技能，个体的就近发展区可以在相互帮助的过程中表现出来。由此可以看出，语言知识的学习并不能单单依靠教师的传授，而是要调动学生自身的积极性和主动性，使其能够意识到商务英语写作的学习不仅仅是学生个体的行为，更加是一个小组行为，在小组学习中才能探索出更具意义的学习方式。可以说，同伴的建议往往比教师的建议更加激发起学习者的头脑风暴，使其更加深刻地思考自己在学习中遇到的问题和陷阱。

二、国内外同伴反馈研究

（一）同伴反馈的主要研究内容

在国内外对于同伴反馈的研究中，学者们对同伴反馈的研究主要体现在：学生对于同伴反馈的态度、同伴反馈对于学生的影响、学生对同伴反馈的采纳程度、同伴反馈与教师反馈的对比等方面。

1. 态度方面

有学者认为，写作被试者都对同伴反馈比较肯定，90 % 以上的学生支持在课堂上使用同伴反馈。并且学生对同伴互评的好感度和接受度都比较高，学生能在同伴互评中提高学习技巧、增强读者意识、提高纠错能力，接受同伴反馈学生的作文得分高于未接受同伴反馈的学生。由此可见，大部分学生对于同伴反馈的态度是积极的。

2. 对学生的影响方面

在同伴反馈对学生的影响方面，同伴反馈有利于学生增加写作阅读资源，调动学生写作主动性。为学生创造好的学习环境，增强学生的读者意识从而设身处地站在读者的角度去思考作文。学生在这样轻松的环境中克服了自己的自卑感，自信心得以增强。除上述以外，同伴反馈能促进学生之间的交流和信任，减少学生面对教师的焦虑感。学生在同伴反馈中加强自我反馈，更加关注自己作文的内容和结果。而且同伴互评能使学生交流和纠错能力都得到提升，学生大部分比较喜欢同伴互评。由此可以看出，同伴反馈能够使学生扮演不同的角色，增强他们的读者意识，从而在写作时更加注重读者感受，写作动机也有所增强；通过互相交流，学生一方面可以学习同伴写作中的闪光点，增强彼此的信心，另一方面可以把同伴写作中的不足之处引以为戒，降低他们的焦虑感，在轻松的学习氛围中进行学习；在这一过程中，也能很好地培养学生鉴别和改正错误等方面的能力。情感态度方面的转变和学生交流等都能很好地促进学生写作能力的提高。

3. 采纳程度方面

有学者认为，学生对同伴的反馈意见的采纳是有选择的，学生之间的互动频率和效果决定了对反馈意见的采纳程度，通常学生采纳了大部分的反馈意见后能做出更深入的修改，有利于英语作为二语的写作能力得到一定的提升。

4. 与教师反馈的对比方面

有学者认为，同伴反馈比教师反馈的接受度更高。但也有学者认为教师反馈在学生中的接受度比较高，同伴反馈只是在提高学生的自主意识、增进学生之间的交流方面有优势。从教师反馈与同伴反馈的对比研究来讲，大部分的同伴反馈是合理有效的，更加具体的；并且同伴反馈次数越多，反馈质量越高。教师的反馈更注重整体。同伴反馈能使学生纠错次数增加，能力增强，减少对教师的依赖；教师反馈的关注点是纠错，而同伴反馈则更关注知识分享，同伴由于对自己的写作水平自信，意义层面的修改较多，但是学生的自我修改也比较多。有学者在对比教师反馈和同伴反馈后认为，同伴反馈能使学生在意义层面上和篇章结构方面的修改增加。由此可见，与教师反馈相比，同伴反馈的特点是：同伴反馈能增强学生的纠错能力，增加纠错次数，提高反馈质量，增强自我修改能力。同时学生在细节如语法、词汇方面的修改较多，也使学生在意义层面的修改增加，进一步增强学生的写作意识。

（二）国外学者对同伴反馈的研究

20 世纪 70 年代以来，同伴反馈得到学者的广泛关注与研究。其结果呈现为两种截然不同的态度，分别为肯定赞同与否定怀疑。许多国外学者对同伴反馈的作用表示肯定。有学者首次将同伴互评理论应用到实践中，他选取 12 名二语学习者作为研究对象，深入地探讨了学生对于同伴反馈的认知与态度，表明学生接受并支持同伴反馈，通过同伴之间的反馈有利于提高学生自主学习的意识，并增强其责任感。但是，同伴反馈发挥其有效性的前提需要具备充分的条件，比如预先对学生讲解同伴反馈规则等。在同伴反馈过程中，学生不仅可以获得针对自己作文错误的有效反馈，同时也可以汲取他人作文的长处。因此，相比于学生自我反馈，同伴反馈可以纠正出更多的细节错误，在一定程度上起到代替教师反馈的作用。

与此同时，一些研究者也否定了同伴反馈的作用。如有学者认为，同伴反馈对于学生写作中语言表达几乎不产生影响。学生容易对同伴的学习能力产生怀疑，反馈态度不积极，因此，导致同伴反馈内容的信度与效度有所降低。所以，学生的写作能力在经过同伴反馈的实验后没有得到提高，也表明了同伴反馈在纠正作文深层错误方面有效性不足。

综上所述，虽然有研究表明同伴反馈对提高学生写作能力影响很小，但多数学生接受同伴反馈，认为此种反馈方式可以提高自己发现问题的能力，并可以从中汲取他人作文长处，因此，同伴反馈仍具有研究价值和意义。

（三）国内学者对同伴反馈的研究

随着许多研究者对同伴反馈的深入研究与认可，越来越多的学者和英语教师也将其应用在写作课堂中，然而他们所得到的结论存在差异。

一些学者在自己的写作教学实验中，切实验证了同伴反馈的作用。如有研究者认为，同伴反馈可以帮助学生对写作要求有更好的理解，从而加深其作文内容的深度，开展同伴反馈活动可以促进学生写作能力的提高。虽然学生承认自身的知识水平有限，无法提出全面的反馈内容，但同伴反馈的优点仍然值得肯定，在一定程度上对学生写作的积极性有所提高。有研究者认为，大部分大学生认为同伴反馈对教师反馈的不足之处具有弥补作用，所以学生普遍认可并接受同伴反馈活动。

然而，其他学者在研究中发现同伴反馈的有效性并不高。基于理论层面而言，同伴反馈是属于有效的反馈方式，但在实际操作可行性方面，认为将其在教学中开展存在一定难度，所以同伴反馈的可操作性与内容准确性有待进一步验证。再加上由于学生之间信任度不足，所以对同伴反馈的采纳程度并不高。可以说，任何一种反馈方式在短期内的实施效果都不明显，而且受到实验过程中主客观因素的干扰，所以同伴反馈的有效性还是有待于进一步研究。

综上所述，国内学者对于同伴反馈在写作教学过程中应用所得出的结论，与国外学者的研究结论基本保持一致，均为赞成与质疑的并存。所以是否使用同伴反馈，应该如何正确地使用同伴反馈等问题仍然有待于深入探讨。

三、同伴反馈的优势

同伴反馈是另一种很有力的互动结构。相对于教师提供的反馈，同伴反馈能够展现以下优势：一是同伴反馈是低利害的，因而同伴之间更有可能给予关于学习差距的真实信息，并且这些信息也更有可能被接受；二是同伴能够对个体的表现进行更细致的观察，能够提供更加个性化的帮助；三是同伴反馈有助于认知精加工，向他人解释有助于学生更清晰地思考和巩固他们自己的理解。然而，令人诧异的是，一些研究表明学习者提供的大部分反馈都是不准确的或者是肤浅的。大多数学习者缺乏给予精准反馈的知识水平和技能。当学习者掌握了基本的知识概念，并且开始探讨概念之间的关系和拓展他们的思维时，同伴反馈是更有效的。更重要的是，提供反馈本身涉及多种技能，比如有效聆听和清晰表达，这些都需要投入大量时间去练习。

四、促进同伴反馈的方式

学生需要知道他们能够从其他同学那里寻求反馈，而教师要教会他们如何最有效地参与同伴合作和协作。一种非支持性的环境通常会导致学生寻求和获取不正确的帮助，但他们可能无法意识到这些帮助是不正确的。这两种求助可以区分为：（1）适应性求助（寻求学习上的帮助，比如寻求解释或者例子）；（2）依赖性求助（为了完成任务寻求帮助，通常是直接获取答案）。当学生步入中学和青春期，依赖性求助会增加。如果我们要培养独立的问题解决者，在讨论和示范适应性求助的关键反馈要素上投入时间，这是非常值得的。

（一）了解学生在校的三个世界

通过对学生在课堂上的私人对话展开的深入探索，学生在学校生活三个不同的互相影响的世界中。

（1）公共世界：这是教师观察到并且由他们管理的世界。大多数学生都遵守课堂的规则和惯例，处于学习活动或日常活动之中。

（2）半私人世界：持续的同伴关系。这是学生形成和维持他们的社会角色和地位的世界。打破同伴的惯例可能比违反课堂规则造成更严重的后果。这通常是成年人意识不到的分帮结派、嘲弄和欺凌的世界。

（3）自我思维的私人世界：知识和信念的变化和增长。这是个体思考和学习的空间，家庭和学校交织在一起。

这些世界的重要性与反馈的有效性相关。了解并研究这些世界，可以增强我们对何时、何处及如何给予反馈的敏感性。在同伴反馈方面，学生的课堂对话通常是与完成任务有关的，如果是在表层学习阶段，通常包含误导性的或不正确的反馈。

（二）掌握反馈的最佳时机

同伴反馈的最佳时机是在学生拥有知识概念之后，这样他们就能够在概念之间建立联系。当学生仍在学习基础知识和概念时，把概念重新教一遍通常会比同伴反馈更有效。但当要求学生对概念进行分析、探讨概念之间的关系和拓展他们的思维时，同伴反馈会是最有效的。

当学生巩固深层学习时，与他人合作的效果是最明显的。这涉及向他人寻求帮助、在讨论中聆听他人发言、发展使用“学习的语言”的策略等技能。通过这种关于他们学习的聆听和表达，学生与教师意识到他们深入理解了什么、不知道什么，以及他们在探索哪些关系或拓展内容上遇到了困难。一种重要的策略是让学生成为其他人的教师，并从同伴那里学习，因为这需要高水平的自我管理、自我监控和自我期望，还需要聆听他们对学习者的影响。

（三）熟悉同伴辅导的四种机制

促进同伴反馈的方式之一是同伴辅导。基于合作学习，最大限度地促进学生之间反馈的四种机制如下。

（1）动机：学生愿意帮助他们的同伴，因为如果设定的合作规则和期望是良好的，能够使学生更加努力，那么帮助同伴符合学生的自身利益。

（2）社交凝聚力：学生互相帮助，因为他们在乎他们的搭档或者小组，所以他们会更加努力。

（3）个性化：成绩较高的学生帮助成绩较低的学生，有时也会反过来。

（4）认知精加工：向他人解释有助于学生更清晰地思考，巩固他们自己的理解。

第二节　同伴反馈在英语写作教学中的运用

一、同伴反馈的开展流程

（一）开启“学习暂停”

上课期间的“学习暂停”是激活自我评价过程的必需部分，能促进学习过程中的改进，让学生再次看到优秀的例子是什么样的，因此，同时向所有学生提供反馈。这是学习过程中非常有用的暂停，因为它体现了“刻意练习”：认准卓越的具体表现，为如何取得进步提供范例或者示范。这对确保反馈的提供和接收及根据反馈采取行动很有帮助。在一堂课或者系列课程开始时，整个班级对优秀案例进行分析，在此之后教师可以在课的任何一刻停下来，让学生分析投影在屏幕上的他们正在做的作品或作业，从而将他们当前的学习与其他人相比较。教师随机选择作品。因为不知道谁的作文会被抽中，所以每一个人都会集中注意力。如果重复这一过程，每一个人的写作内容都可能作为讨论的对象，无论学生成绩的好坏，也无论是英语写作或是其他学科。课堂的常规活动如下。

（1）写作内容被投影在屏幕上，让班级学生先阅读一下。

（2）同伴讨论哪些是能够反映成功标准的最好部分。如果是记叙文写作的话，讨论哪些要素有最大的影响力。一份作文可能在技巧方面有所欠缺，但可能以其他的方式展现才华。学生对那些最好的部分给出自己的意见，将它们标记出来并分析它们为什么很好。

（3）向班级提问：有哪些部分可以改进，变得更好？思考一下任务的目标和相关的成功标准。

值得注意的是，不要为了修改而修改。成功标准中有一点是使用短句能够营造出惊悚故事的效果。教师有必要通过让学生接触到一些优秀文本中的好词好句，使他们发展出一种对高质量的“嗅觉”，这样他们就可以对质量有所感知，而不是将其教条化。

教师需要向学生示范如何分析和修改他们的作品，合作讨论和改进彼此的作品，找出有效的要素，然后给出具体的改进建议。

（二）充分利用评改小组

同伴反馈最有效的方式就是建立评改小组，利用评改小组，有组织、有目的地开展同伴反馈。学生在评改小组中分享自己认为写作内容中所具备的优点与缺点，讨论需要改进的地方，促进写作内容更加完善。评改小组的具体组织开展如下。

1. 总体结构

组内学生轮流阅读一篇作文，根据设定的成功标准对其进行讨论和分析，与此同时，教师引导对话，并对作文进行点评。学生为进步设定目标，然后小组继续讨论下一篇作文。在讨论结束以后，学生按照新目标立即修改他们的作文，然后评估对他们作文的影响。

2. 对方法体系的详细描述

教学照常进行，通常是整个班级一起进行。面向全班分享的文本通常被用作某种形式的刺激物，伴随的是大量的讨论、教师示范、优秀案例等，以建立成功标准。

3. 评改小组人数

写作完成后，学生们以混合分组的形式建立起流动性较大的小组。这种形式能够为所有参与者带来最大的益处。小组的人数在 3~6 人，最佳是 4 人。

4. 评改过程

阶段一——准备。班级首先要讨论任务和分析成功标准，让所有小组都知道成功的证据可能长什么样子。其次，每一个学生选择去寻找一种特定的要素，比如有效使用开场白、句子结构的多样化、发挥开头句的作用，以及其他任何与任务相关的事情。

阶段二——专业检查。将第一个学生的作文呈现小组前面，对其排版和总体布局进行专业检查：它是否符合写作要求？随后，学生大声地读出作品，每次分析一部分，学生们在中间插入评论，这些评论与他们在阶段一所选择的成功标准相关。

阶段三——分析。通过像这样的讨论和教师的指导，小组总结出他们喜欢这篇作文的哪些部分，并且设定改进它的一系列目标。这些都记录在作文的结尾，然后小组转向下一个学生的作文。

教师每次为学生设定目标，然后他们会在下一篇作文中寻找这些要素（见阶段一），判断出现或缺乏这些要素的影响，并且通过案例或者讨论来获取如何实现目标的提示。

这一阶段需要对时间进行控制，通常每个学生有 10 min 时间。在进行这个步骤的同时，教师不仅促进讨论，而且要紧跟学生的讨论，在心里或者使用速记法，记下作文的语法和结构。这些可能对于小组中的其他成员没有那么重要，却有助于教师在学生完成作文时为他们设定个人目标。这意味着评价系统时刻都在更新，成为规划下一步的不可或缺的部分。

阶段四——修改。在小组点评以后，学生回到各自的座位上，开始修改他们的作文，并且需要与他们收到的建议相符——这与一开始给予的建议同等重要。收到建议之后采取行动，可以让学生形成习惯和带来改变。

学生通常会到某个评改小组“旁听”，如果他们觉得这样做对他们有益，教师也可以鼓励学生这样做。当学生希望搜集一些新想法，帮助自己突破关键点时，或者当学生专注于某个目标，但需要更多的指导来实现它的时候，学生通常都会这样做。作为“旁听生”，他们不需要直接参与到对话中，但也欢迎他们提问和对讨论做出回应，尽管评改小组可能不会直接分析他们的作文。

阶段五——自我评价。自我评价是这个过程中的一个关键部分，它可以采取两种形式：第一种形式是完成修改，并且评估这些改动带来的影响，解释这篇作文为什么和在多大程度上得到了显著的改进。第二种形式是通过找出需要提高的要素，将修改融入自我评价，解释如何实现成功标准，修改作文并解释其影响。自我评价是整个框架中的关键要素，有助于教师深入地了解学生对目标的理解，而这又有助于指引未来的教学规划和个人目标的设定。

5. 总结

在这个过程结束时，整个班级对每一篇作文都至少进行了一次小组点评。如果进展顺利，可能已经进行了两次（一次是作文尚未完成时，一次是整个过程结束时）。并且可能在一段时间以后，以“旁听”的形式再次点评。这个过程需要耗费很多时间，并且需要重新思考如何安排时间表。通常，一个完整的评改小组活动，从开始写作到自我评价，需要几周时间。该方法完成的作文的总数比传统方法要少，但在学习的深度和提高的水平上却远远地超过了传统方法。

二、同伴反馈的注意事项

（一）前期对学生进行培训

要想充分地发挥同伴反馈的效果前期一定要对学生进行培训。大部分的学生以前是不了解同伴反馈的，即使了解也没有实践过，因此，在进行同伴反馈之前要做的第一件事就是对学生进行培训，包括同伴反馈的定义、已经经过研究证明的效果、如何进行同伴反馈、同伴反馈的反馈标准及依据、同伴反馈的操作过程、使用的标记符号，以及同伴反馈过程中的注意事项。并且要让学生明白同伴反馈过程中，学生自己是反馈的主体，只有充分发挥学生的主观能动性和身为学习的主体地位，才能真正发挥同伴反馈对于英语写作的积极影响。

（二）与教师反馈充分结合

充分结合同伴反馈与教师反馈，发挥教师的指导作用。虽然同伴反馈能够为学生创造一个良好的交流反馈的环境，学生通过互相之间的交流能够发现作文中的一些语言、内容和篇章结构方面的问题，但是教师的指导也是必不可少的。在同伴反馈中，每个小组都有高、中、低水平的成员，但是并不是每个成员都能从同伴反馈中最大程度的受益。对于高水平的学生来说，由于组内没有比他们英语水平更高的成员，这也就导致他们的作文得不到小组成员的充分修改。因此，教师就需要时刻关注组内高水平学生的成员，对他们出现的问题及时提出指导，或者进行单独的面批。另一方面，教师也需要充分肯定高水平学生在同伴反馈过程中所做出的贡献：他们作为组内英语水平最高的学生，能为其他成员的作文提出相对准确及时的修改意见，同时他们自己的作文也能供组内的其他学生学习赏析。对此，学生要对组内高水平学生的反馈进行充分的肯定及提出表扬，帮助他们从同伴反馈中获得成就感，增强他们的参与感。对于低水平的学生，他们自身由于基础较差，所以很难发现其他学生作文中的错误并提出修改意见。长此以往，他们会对同伴反馈失去兴趣，参与度降低。每当发现这些学生走神或者不参与的时候，一定要及时鼓励并监督督促，通过同伴反馈带来的积极影响使他们进入一个良性循环：信心增强—参与度增加—写作水平提高—信心增强。此外，还要及时在学生进行同伴反馈的过程中针对学生无法发现或不会修改的问题给予及时的指导。总之，教师要在同伴反馈中充分发挥作用，以同伴反馈为主，教师反馈为辅，使学生得到多方面多种形式更全面的反馈。

（三）开展合作性反馈讨论

在过去，同伴评分或者同伴评价的一种常见的形式是交换学生的写作内容。学生变成教师，独自对同学的写作内容予以评论，并找出可以改进的地方。我们看到了学生以这样一种方式予以评论的很多案例，普遍的印象是他们的评论大多是肤浅的，无法带来很多帮助。但合作性反馈，即作文的作者与学习伙伴展开讨论，由作文的作者做最后的总结，然后做出改进，这样的方式能够带来一种完全不同的和更富有成效的体验。这种方式验证了结构性合作的力量。可以按如下步骤培训学生展开合作性反馈讨论。

（1）两位学生一起阅读和讨论他们其中一位的作文，所以两个本子应该叠在一起。这个作文是谁的，谁就拿着笔，这是与交换本子的场景根本性不同的。

（2）两位学生一起决定哪里是最好的，他们可能会有不同意见，但需要给出理由，并画线标出那些好的部分。

（3）谈论如何做出改进，作者在作品上修改，在改进的地方用不同颜色的笔。由于用于修改的空间可能非常有限，很多学校都在学生作业本上的左手边留出空白，这样修改的空间就不会有所限制，并且更清晰可辨。两位学生都无须在本子上写上他们的评论，因为这会浪费很多宝贵的时间，他们能够利用这些时间做出很多实质性的改进。再次强调，作者拥有如何修改的最终决定权。

（4）两位学生以同样的方式来处理另一位学生的作文。

（5）在合作性讨论以后，参照往届学生的和更复杂的作文，他们可以分开，独自专注于自己的改进。

对这个过程的观察和录像证据揭示了以下两点。

第一，当作者大声地读出他们的作文时，他们会立即发现自己的错误。在英语写作中，与之相对应的是，根据成功标准，对着学习伙伴把自己的思考过程和写作过程说出来。

第二，相比于学生与教师的对话，学生之间会有更加自然的对话，他们会互相打断或者要求对方澄清等。

成为彼此的教师是一件复杂的事情，因此，需要示范和辅导。需要让学生知道他们的伙伴只是为了陈述他们的想法，而不是为了说教，这需要示范。比如：多谢，这让我想到了另一个主意。这种合作性改进的过程可以被运用在所有的学科中。除了“本子”，叠在一起的也可以是数学题、美术作品、科技模型等。每次就一个人的表现展开讨论，这样他们在对话的过程中就不会因为只看自己的作文而分神。一种常规的教学是，从不中断课堂学习，学生把本子交给教师，教师千篇一律地打分，隔了一段时间以后再交还学生，姗姗来迟的反馈不过是一些书面的评语，已经无法带来任何改变。相比之下，从“课堂暂停”到自我评价，再到合作性反馈讨论的三部曲，可以使学生比平常更加努力。当然，在有些时候，我们不应该打断学生的思考。但如果我们是在培养学生的技能，相比完成最终的产品之后，再回过头来重做一遍，不断地回顾和检讨会更有帮助。

（四）对学生进行合理分组

进行同伴反馈前，对学生进行合理分组。一个小组中的成员是同伴反馈的主要来源。如果一个小组中的成员都是写作水平相当的学生，那么学生之间的写作水平没有层次，当学生遇到不同于他们的写作水平层次的问题时，尤其是高于他们层次的问题，他们就无法给出及时准确的反馈意见。因此，组成一个反馈小组最好的方式是各个层次的学生都分配进来。当高、中、低水平的学生都有时，他们就能各自发挥自己的作用，充分发掘同伴反馈的效果。

同伴反馈教学通常需将学生划分为2~4人的小组形式，同小组的学生需审阅彼此的英语作文，并对作文作出客观性的评价及修改意见，同时在审阅的过程中，还可以将有意思、优秀、不确定的语句、表述方式等标注出来，在审阅结束后，可以对标注内容进行小组讨论或者寻求教师帮助的方式进行确定。英语作文审阅结束后，学生要根据同伴的批注及修改意见对作文进行修改、润色，然后再交由同伴审阅，该环节一般需要重复2~3遍。学生及其同伴都觉得英语作文没有任何问题后，学生方可将英语作文及同伴反馈评价一同交于英语教师批阅，而教师应分析整合学生作文及学生反馈评价，对学生作文作出最终教学评价，进一步明确学生英语写作中需注意的领域，促使学生更加牢固地掌握英语写作技巧及方式。

另外，英语教师在划分评价反馈小组时，要认真分析学生的英语实际能力，遵循组间同质、组内异质的分组原则，合理恰当地划分小组并保障各个评价小组中都有英语写作水平较高的学生，这样不仅可以确保同伴反馈的准确性、有效性，还可以借助英语写作水平较高学生的影响力对小组同伴产生同化、激励作用，推动着小组成员英语写作能力的共同提升。英语教师要进行设计同伴反馈教学活动，精心设计不同写作文体、评价标准等，促使同伴反馈意见不仅仅局限于语法错误、表述不当等浅显层次，还可以引导学生对作文内容架构、形式技巧等进行分析评价，借此提升学生英文写作能力的深层次认知，切实发挥同伴教学评价的教学价值。

（五）合理使用同伴对话句式

1. 称赞句式

常用的称赞句式如下。

“我喜欢……说的东西，因为……”“这是一个很好的点，因为……”“当你说……的时候，我理解……”“这很有趣，因为……”“那是一个很好的观点……”“我同意……，因为……”

2. 提问句式

常用的提问句式如下。

“你能更详细地解释一下吗？”“你可以向我展示一下吗？”“我有一个疑问是……”“你怎么看？”“我对……仍然有疑问。”“这让我思考。”“我注意到……”

3. 启发句式

常用的启发句式如下。

“如果……会怎么样？”“这让我想到……”“我想知道……”“我想补充一下，……”“我们还可以问谁？”“另外，……”

4. 引导句式

常用的引导句式如下。

“你可以告诉我更多关于……吗？”“你可以更详细地解释一下……

吗？”“告诉我更多。”“你可以给我举一个例子吗？”“你是如何知道的？”“如果你知道答案，那答案会是什么？”

5. 澄清句式

常用的澄清句式如下。

“到目前为止我们说过……”“我认为作者是在讲……”“所以你的意思是……”“我们同意……”

（六）提出具体的改进建议

什么是“具体的改进建议”？以罗恩·伯格（Ron Berger）的著名视频《奥斯汀的蝴蝶》（Austin's Butterfly，2013）为例，解释“具体的改进建议”。该视频受到了全球的赞誉，它展示了有意义的和具体的反馈价值（比如，蝴蝶的翅膀需要更加尖一些，更像三角形一些），而不是一些宽泛的反馈（比如，尝试让翅膀更好看一些）。很多教师将这一段视频展示给学生，强调刻意练习和具体的改进建议的重要性。这段视频所传递的最重要的信息可能是，协作的方法和公开的批评在有清晰的准则下能展示出多大的力量。教师对年轻学生应该如何点评给出了清晰的准则，这让奥斯汀更多地感受到了鼓励，而不是气馁。下面具体介绍一下《奥斯汀的蝴蝶》这一画作的来源。

在爱达荷州博伊斯市的鸿雁特许学校，即将举行的一场全校活动中，学生们要制作留言卡，打印出来后，拿到社区义卖。一位叫作奥斯汀的学生为了制作他的留言卡，选择了临摹一幅西部燕尾蝶的科学插画（图 4-2-1）。由于缺乏高超的绘画技巧和良好的动作技能，奥斯汀绘制初稿的方式是先观察照片，然后把照片放在一边，根据脑海里蝴蝶的形象动笔作画。

图 4-2-1　西部燕尾蝶

然后，教师伯格在全班学生面前把奥斯汀的画作（图 4-2-2）放在照片旁边，鼓励奥斯汀像科学家一样思考，仔细观察和记录。教师让奥斯汀的同伴给他一些（有帮助的、具体的和友好的）建议——他如何修改他的画作，才能使它更像照片中的蝴蝶。他们首先关注的是蝴蝶翅膀的形状，在形状被改正以后，他们继续修改翅膀的花纹。班级为评价这两个方面的质量编制了一个量规（表 4-2-1、4-2-2）。

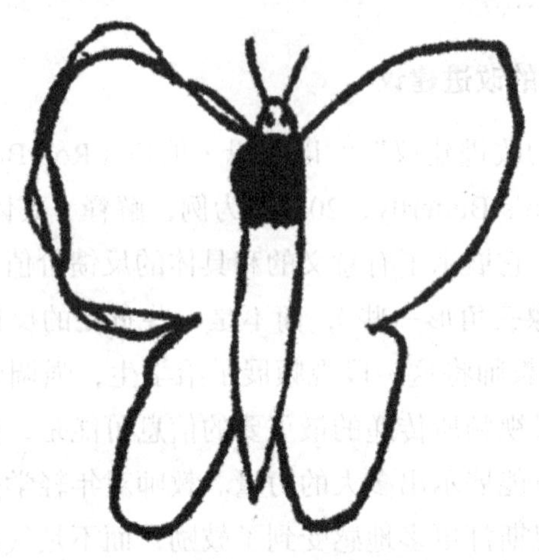

图 4-2-2　初稿

表 4-2-1　量规：蝴蝶形状

自我评判	没有达到预期	几乎达到预期	达到预期
你的蝴蝶占满了整一页纸吗？	连半页都没有占满	占了页面的四分之三	几乎占满一页纸，仅边缘留出 1.5 英寸
蝴蝶的翅膀和身体符合比例吗？	翅膀和身体不符合比例	翅膀和身体大致上符合比例	翅膀和身体完全符合比例
翅膀对称吗？	翅膀不对称	其中一对翅膀完全对称	两对翅膀都完全对称
身体包括腹部、胸部、头部吗？有触角吗？	身体只包含其中一个部分，可能有触角	身体只有两个部分，可能有触角	身体有三个部分，而且有触角

表 4-2-2　量规：蝴蝶花纹

自我评判	没有达到预期	几乎达到预期	达到预期
观察特征： 眼点 边缘 条纹 扇形 翅脉 斑点	不包含任何观察特征	包含一些观察特征	包含大部分观察特征
准确地画出这些特征	没有准确地画出大部分的特征	准确地画出一些特征	准确地画出大部分特征

值得指出的是，这个阶段的量规都是典型的封闭性学习意图和成功标准。因为这是一个封闭性技能（临摹 / 仔细观察），所以成功标准也是封闭性和强制性的。相比之下，写作的成功标准就不是以同样的方式发挥作用了，它们不是强制性的，相反，是包含一系列可能策略的工具箱，并且它不保证质量，这也和画蝴蝶的成功标准不一样。即便如此，对写作的改进建议也可以是同等具体的。比如，在形容被吓到的状态时，不仅仅只有“吓到了”三个字，而是可以用语言“心在狂蹦乱跳”来表示被吓到了，给予作者一些想法和灵感。

第一位点评的学生建议奥斯汀应该把翅膀画得更尖一些，更像三角形一些，不要那么圆，并且底下应该添上两条燕尾。奥斯汀很高兴地去画了第二稿（图 4-2-3）。

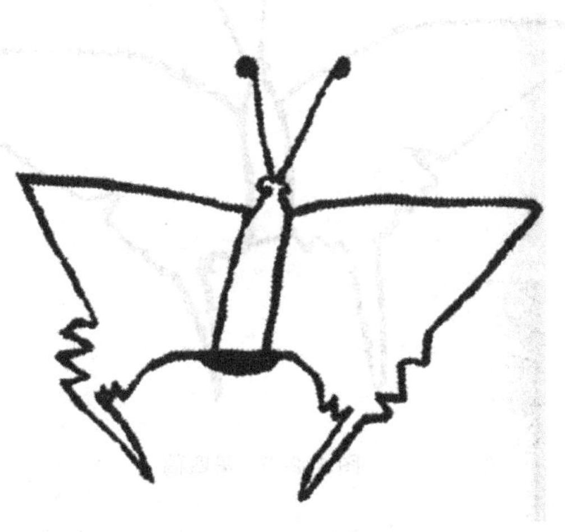

图 4-2-3　第二稿

第二位学生告诉奥斯汀，这比第一稿好了很多，但也提醒他不要忘了蝴蝶每一边都有前翅和后翅。

对于第三稿（图 4-2-4），学生们称赞了奥斯汀的进步，但也指出前翅又偏圆了，所以他必须再次把前翅画得更尖一些。

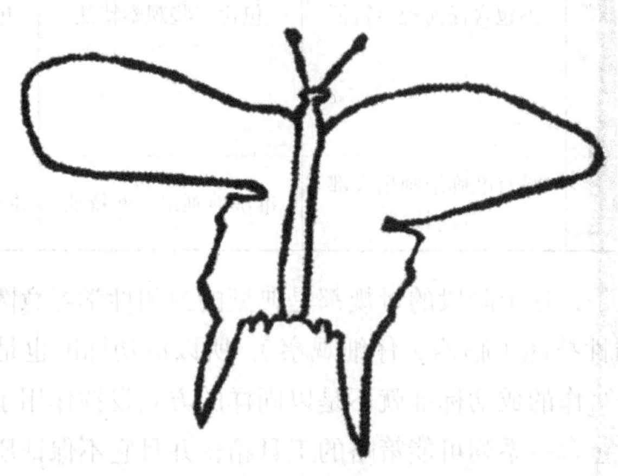

图 4-2-4 第三稿

对于第四稿（图 4-2-5），小组成员告诉奥斯汀现在他应该准备画花纹了。奥斯汀仔细地将花纹临摹下来，创作了第五稿（图 4-2-6）。现在，学生们告诉他是时候要上色了，通过对照照片中的颜色，奥斯汀创作了终稿（图 4-2-7）。

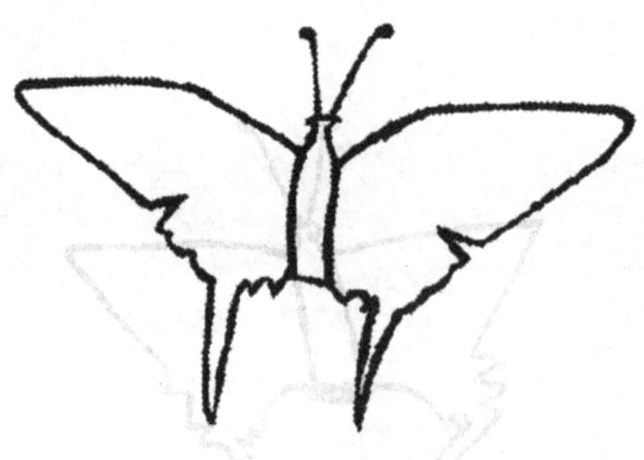

图 4-2-5 第四稿

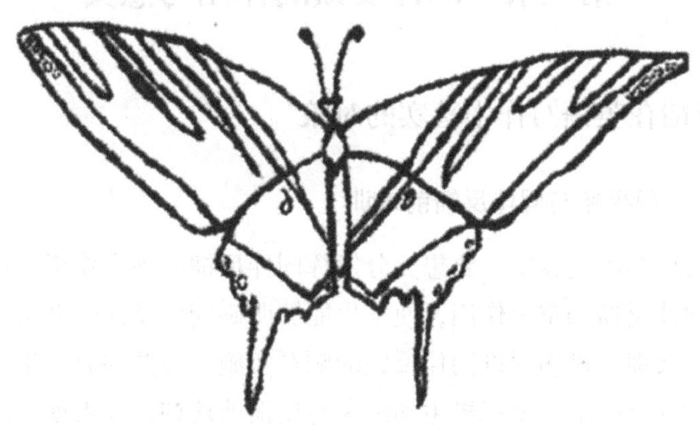

图 4-2-6　第五稿

图 4-2-7　终稿

最终的产品不仅是一幅美妙的作品，而且见证了奥斯汀从一位学生到一位新手科学家 / 艺术家的蜕变。

认真审视“奥斯汀的蝴蝶”所发生的变化，会发现对于在实际行动中展示刻意练习，以及对最终产品的制作，具体和清晰的反馈有多么重要。如果反馈没有那么具体，比如，把翅膀画得更好一些，奥斯汀就很可能无法达到这一水平。比如，如果将那些具体的改进建议运用在学生的写作上，仅仅让学生“写一个更好的句子”或“提供更多证据”，显然不会带来真正的改变。改善写作需要更努力地想出一些可用的字词、短语，或者向学生提供例子，说明学生可以加入哪些元素，但如果没有这样做的话，学生可能会说：如果我知道如何改进，我早就那样做了。

第三节 同伴反馈的作用与意义

一、同伴反馈在英语写作中落实的对策

（一）学生积极参与同伴反馈前培训

在英语写作学习过程中，要想充分发挥同伴反馈的现实作用，首先要求学生要高度重视同伴反馈的重要作用，使学生能够明确同伴反馈的真正目的，让学生能够接纳同伴反馈，进而促进同伴反馈的顺利实施。与此同时，学生在认识到同伴反馈重要性的基础上，要积极主动地参与反馈前培训，并根据自己的内心想法表达个性化意见，让学生在互评过程中能够接收到更为丰富的建议，既可以提高学生的语言表达能力，也能够提高学生的语言应用意识，让学生在这一过程中更全面地审视自身的学习情况。

（二）师生共同制定教学评价表

由于学生可能会出现对同伴反馈能力不信任的情况，此时就需要师生共同研究并制定教学评价表，使同伴反馈过程中能够有明确的模式依据，促进学生更为客观地对同伴的学习情况进行反馈与分析，有利于学生在同伴反馈中更为清晰地意识到学习的不足，进而有针对性地进行学习调整。由此可见，师生共同制定教学评价表，能够切实发挥学生的主体性，让学生掌握学习主动权，有利于学生英语写作学习成绩的稳定提高。

（三）积极开展示范性反馈

在同伴反馈中，学生能够自主提出改进建议，而通过开展示范性反馈，可以让学生更为明白同伴反馈的方法，使同伴反馈活动可以更顺利地开展。例如，在进行英语作文的同伴反馈时，学生可以通过先看英语范文的大致内容与结构，再结合范文对同伴作文进行有效反馈，营造和谐融洽的氛围。由此可见，示范性反馈对开展同伴反馈相当必要，让学生能够进一步完善反馈活动，激发学生的英语写作学习积极性。

（四）积极参加同伴反馈活动

在同伴反馈活动中，由于成绩较好的学生比成绩较差的学生更快进入角色，这是由于成绩较好的学生更善于运用已有学习策略。在此情况下，优生要发挥互

帮互助精神，带动后进生的学习积极性，帮助其重拾信心，扫除学习心理障碍，实现全体学生踊跃参与同伴反馈活动的良好氛围，调动全体学生的学习动力。由此可见，调动全体学生积极参加同伴反馈活动相当重要，不仅能够让学生进一步提高学习积极性，也有利于同伴反馈活动的顺利开展。

综上所述，为了能够更为有效地锻炼学生的英语语言应用能力及写作能力，除了要夯实学生的英语基础知识，更要将教师反馈与同伴反馈充分结合，以便更有效地实现英语写作学习目标。总之，同伴反馈是一种高效的英语写作教学方式，不仅有助于激发学生的英语写作兴趣，也有利于学生的个性发展，提高英语写作教学效果。而将教师反馈与同伴反馈充分融合，不仅能够提高学生对教师反馈的认可，也肯定了同伴反馈的作用，不但可以提高学生的学习积极性，也能够减轻教师工作负担。因此，务必在英语写作教学中结合教师反馈与同伴反馈，引导学生积极地参加反馈活动，并采取对学生的暗示性与启发性反馈，实现对英语综合素养的有效性培养。

（五）教师发挥引导作用和监督作用

同伴反馈学习的开展需要在教师的指导下进行。如果脱离了教师的指导，有些学生在同伴反馈的过程中难以归纳出写作错误的类型，也不能提出针对性的、建设性的修改建议。部分学生对同伴的英语写作能力抱有保守和怀疑态度，对其给出的反馈抱着抵触心理。教师需要将学生进行合理分组，在同伴反馈之前要向学生介绍评价一篇作文的标准、英语写作中常见的错误类型、中西方在英语写作之中的思维习惯和各自的文化习俗，这样学生在小组讨论之后再进行同伴反馈，效果将更加事半功倍。教师的指导还能够消除学生在同伴反馈之中的焦虑感，使得修改的建议更具实效，写作的质量能够逐步改善。

（六）同伴反馈与教师反馈同步进行

一些学生在给学生进行同伴反馈的时候，受到语言能力、认知发展水平、第二语言学习情感等因素的限制，往往只能发现句子表达上的错误，不能从整体的视角来分析文章结构、措辞表达合理性。在这个时候，教师就需要正视生生之间在语言水平和认知能力上的差异，将同伴反馈和教师反馈有机地融合在一起，让学生能够及时地接受教师针对性的指导。

同伴反馈在英语写作之中具有积极的影响和作用，能够在很大程度上调动学生的写作积极性，降低其对英语写作的晦涩感和紧张感。从目前的英语写作教学环境来看，同伴反馈能够深入写作的细微之处，在轻松、愉悦的环境之中提升英语写作的能力。

二、同伴反馈在英语写作中的作用与意义

（一）缓解写作学习的紧张感

同伴反馈可以在很大程度上缓解学生对英语写作学习的紧张感和焦虑感。在教学之中引入同伴反馈学习方法，学生对英语写作的紧张感和焦虑感明显缓解。在和学生沟通交流的过程中，学生们普遍表示在写作时的心理压力减轻很多，写一篇文章似乎也不再是一件难事，将文章给别人看也不再那么紧张和羞涩了。

（二）提升学生自主学习能力

同伴反馈是一种提升学生自主学习能力的关键途径。部分学生为了能够提升自身的反馈水平，给学生带来有建设性的意见，在发现自己不确定的语言点的时候，往往会调动各种资源来积极查询，积累写作技巧和能力，而这一过程正是自主学习能力积累的过程。学生在循序渐进中学会了查阅文献，在写作学习中从被动转向主动，这是学习态度的重大转变。与此同时，同伴反馈还可以提升学生的语言鉴赏能力。学生在接受同伴反馈之后，能够相互借鉴、相互吸收，形成欣赏美文的能力，对那些措辞地道、表达规范的英语写作范文形成独特的鉴赏力，学生在知道哪些表达是对的时候，自然也渐渐地就会自己使用和表达了。

（三）增强学生的自主意识

在英语写作学习中，学生要想更为有效地提高自身英语综合能力，就必须与同伴进行合作练习，一方面可以有效提高学生的写作能力，另一方面通过得到同伴的积极反馈，能够增强学生的自我能力认可。因此，在英语写作教学中实施同伴反馈十分重要，不仅能够为学生提供更多交流沟通的机会，也可以激励学生获得同伴的认可，继而更清晰地叙述自己的想法，促进学生更为积极地投入英语知识掌握与练习中，增强学生的自主意识。

（四）鼓励学生合作学习

在英语写作学习中，同伴反馈不仅能够增强学生自主意识，也能够鼓励学生合作学习，让学生通过合作学习与互相评价的过程中取长补短，不但能够夯实基础知识，也能够提高英语表达的准确性，让学生掌握更多英语写作技巧。由此可

见，在英语写作课堂中同伴反馈不可或缺，必须充分发挥同伴反馈的有效性，促进英语写作知识学习的层层递进，通过同伴互评，让学生逐渐增强写作欲望。

（五）提高学生的交际能力

在同伴反馈教学过程中，学生要充分利用这一机会，用恰当清晰的语言表述观点，在同伴互评及讨论争辩过程中，要逐渐锻炼自己清晰的逻辑思维，久而久之，可以锻炼学生的书面表达及交际沟通能力，对学生日后走向大学或者社会打下良好基础。由此可见，英语写作教学过程中教师反馈与同伴反馈是并重的，学生更要利用同伴反馈进行自我完善与提高，不断提升英语应用能力，为以后踏入社会进行社交活动作铺垫。

第五章 大数据时代英语写作教学反馈的探索与创新

当今时代背景下，科技发展迅猛，各领域与科技的结合创造了发展新局面。本章将具体阐述大数据时代下的英语写作教学、大数据时代英语写作教学模式的改革、大数据时代英语写作教学反馈的新形式及大数据时代英语写作教学反馈的作用与意义。

第一节 大数据时代下的英语写作教学

一、大数据时代的相关概述

大数据时代是一个充满创新与变革的时代，大学英语写作教学改革正是顺应了时代发展潮流，对于我国大学英语写作教学质量的提高也具有十分重要的作用。尽管近年来随着互联网技术的发展，我国的大学英语写作教学得到了进一步改善，但是在某种程度上还存在着实际教学效率低、教学质量差等问题，还需要进一步提升。本文将针对大数据时代下我国大学英语写作教学的现状进行分析，并针对问题提出相关的解决措施，希望对我国大学英语写作教学改革能够有所帮助。

（一）大数据时代的特点

1. 用户身份呈现多元化

大数据时代也可以称为互联网时代，是一个与人们的生活密切相关并且紧密互联的时代，其可以在很大程度上方便人们的生活。大数据时代，每一个人不仅仅是信息的接受者，同时也是信息的传播者，信息是共享的。尽管随着时代的发展，网络上的很多资源发布者出于获得收益的目的，将一些资源变为收费资源，但是这并没有剥夺每一个用户使用信息资源的权利，个人都是信息资源的获益者。

2. 人类思维得到了改变

大数据时代，线上信息都是开放的，对于自己需要的信息，所有的网络用户都可以直接进行提取。正是互联网的这样一个优势，使大多数网络用户在使用信息资料的过程中变得更加开放，他们的思维也在很大程度上得到了改变。或许这就是互联网时代的魅力，使人们的关系变得更加亲近，整个社会也变得更加和谐。

3. 提供的数据更加精准

大数据时代，一切都是由电脑进行操控，在大数据的操控后台每一个网站都会有数据进行操控，当人们对于一些资料有点击量或者是使用量的时候，后台会进行统计并且作出总结，在最大程度上给人们的生活带来便利。通过后台的数据统计可以在一定程度上发现社会存在的问题，从而更好地采取措施进行解决，这对于我国社会的发展也是一种巨大的帮助。

（二）大数据时代的优势

大数据是社会发展和时代进步的产物，有着自身存在的优势和特点，在大数据时代，英语写作教学面临着很多机遇与挑战，教师要基于互联网进行问题的分析与解决，学生应借助互联网纠正错误，提高英语写作能力。英语教学模式必然发生变化，而这种变化是发展性的，也是对于学生的英语写作水平提升的重要推动力。

何为大数据？顾名思义，大数据就是海量资料，这些资料都是在不同地域、不同国家随时产生的数据，在大数据时代，即使是微小的数据都会产生巨大的、超出人类想象的价值。大数据有四大优势，简称 4V，即 Volume（容量大）、Variety（多样化）、Velocity（速度快）、Value（价值大）。

1. Volume（容量大）

大数据最突出的优势就是容量大，以前一个小小的 MB 级别就可以达到人们的需要，随着科学技术的日新月异，数据开始呈现爆发性增长的趋势，原来的 GB 到 TB 的存储单位已发展到了现在的 PB、EB。而社交网络，例如，Blog、Twitter、Facebook、QQ，We chat 等，还有移动网络、各类智能 App、应用 App 等，都成为数据的来源。以购物买卖类网站为例，产生的商品交易数据每天可达到几十或者上百 TB；微博每天能够产生的日志数据接近 100 TB。数据容量越大，则能够存储的数据就越多，信息也就更加全面，这对我们的英语教学的资料库来讲，有着非常重要的意义。

2. Variety（多样化）

由于数据的来源较广，使得大数据形式呈现多样化的特点。在我们的上网过程中，所能看到的音频、视频、图片、文章、帖子及一些共享习题都是属于大数据范畴，在不知不觉中改变着学生的学习方式，各类学习软件线上、线下的内容学习，给课堂教学带来了压力和冲击，但恰恰是因为数据的多样性也同样丰富了学生的学习，为教师的教学提供了更大的助力。

3. Velocity（速度快）

我们的日常生活离不开互联网，大数据则是通过其传输的，速度飞快，这样对于学生获取学习资源，教师获取教学资源带来了很大的帮助，实现资源共享，促进英语教学。

4. Value（价值大）

大数据的核心优势在于其价值性。大数据最大的优势在于通过从大量不同类型的不相关的数据中，筛选出有价值的数据，这些数据能对未来趋势和发展走向做出分析和预测。通过各种有效的数据处理方法做深入分析，发现新知识和新规则，并可在许多领域中得到广泛应用，同时它将在促进英语写作教学中发挥积极作用。

二、对比传统与大数据时代下英语写作教学

长期以来，大学英语写作是我国大学英语教学的重点，对于提升学生的英语写作水平，提高学生的英语运用能力具有十分重要的作用，并且近些年来也不断受到重视。但是现实的问题是，由于英语写作教学相对来说是一个比较庞大的知识群，学生想要在短期内获得实质上的提升是很难的，因此，在大学基本上只有英语专业的学生才会对写作进行系统的学习，其他专业的学生只是学习一些皮毛而已。另外，由于英语写作是需要进行练习的，这种练习并不像普通的做英语阅读那样简单，而且教师在批改的时候也存在很大的难度，出于倦怠的心理，教师可能很少会给学生自我练习的机会，这也使我国的大学英语写作教学出现了教学质量差的特点。传统的大学英语写作教学相对来说比较枯燥，基本上是教师讲授一些英文写作的框架或者思路后就让学生进行练习，在资源不丰富并且学生的思路不是特别明确的情况下，学生很容易产生厌烦心理，这不利于提升我国大学英语写作教学的质量，因此，对我国大学英语写作教学进行改革是势在必行的。

（一）传统大学英语写作教学

1. 英语写作教学模式单一化

在传统大学英语写作教学中，通常采取的是教师讲授为主，教师引领学生审题，致使学生缺乏思考和能动性的创新。教师介绍作文的万能模板，引领学生赏析优秀作文或者是满分作文。而学生们就是生搬硬套模板，仿照范文进行写作，如果没有按照教师讲解的方式进行书面表达，通常的结果就是拿不到高分。

2. 英语写作教学缺乏系统性、不受重视

从教材来看，通常对英语的听、说、读都有明确的示范，但对于写作的教学却缺少系统的、合理的规划和研究。在英语教学中，英语写作能力与听说能力、阅读理解能力同等重要。可是在传统英语写作教学中就可以看出来，平时学生大量的时间都在进行听力训练、口语表达、阅读理解，在平时的题型训练中都是不让学生去写作文的。随着时间的推移，学生的听、说、读能力有所提高，但还是不能较好地进行写作。

3. 英语写作教学缺少个性化

每位学生虽然都会针对某一个特定话题进行写作，但是由于时间有限，教师的批改量大，对于学生的写作中出现的问题不能做到一一指导，只能在批阅过程中将学生的错误圈画出来，不能及时精准地纠正和指导。虽然教师会在课下为部分学生进行面批面讲，但毕竟时间有限，长此以往，就失去了因材施教的个性化教学特征了。

4. 师生缺乏互动，学生参与度低

在传统的教学模式中，学生的主体地位并不突出，特别是在写作课上，只能被动地接受教师的分析和评论，这限制了学生的思维和主观能动性，使得师生之间的互动交流降低，学生的写作效果不佳，久而久之，学生学习英语的热情会大打折扣，逐渐失去对英语写作的兴趣，限制了学生的英语写作能力。

（二）大数据时代下的英语写作教学

大数据是随着我国科技和时代的发展而出现的一种新型信息技术工具，其对社会的发展具有十分重要的作用。

1. 教学资源更加丰富

大数据时代为教学带来了丰富的教学资源，大量的搜索引擎和写作材料都是很好的教学资源。学生可以通过大数据和互联网共享资源，在英语写作时可以通过网络进行大量阅读，观看英语视频，拓宽视野，提升词汇量，获得更多的英语写作技巧。写作所涵盖的领域更广泛，教师可以引导学生通过大数据来进行信息的筛选和搜索，获取更多相关优秀资源，进而不断提升英语写作水平。

大数据从表面上来讲只是一个简单的名词，但是从另外一个方面来看，它是一个资源分享单位，其可以在很大程度上实现对资源的发散，对于大学英语写作教学来说也是这样。过去的教学中，大学英语教学的写作素材基本上是教师从前人的书籍或者教材中寻找的，而且这些书籍或教材相对来说都比较老旧，提取速度也比较慢。但是在大数据时代下，教师想要搜集写作教学素材是十分容易的，只需要上网搜索关键词就可以得到大量的教学资源，中文的和英文的、动态的和静态的都可以搜集到。教师在为学生讲授写作知识的时候，将这些形式多样的教学资源展现在其面前，无疑就会引起学生的学习兴趣，相应地，教师的写作教学质量也会得到进一步提高。

2. 教学形式更加多样化

大数据的出现同时伴随了多媒体的到来，这些都给大学英语写作教学带来了很大的便利，也使大学英语写作教学形式变得更加多样化。在过去的大学英语写作教学过程中，教师的教学方式基本上是通过板书为学生进行讲授，在教会了学生相关的单词、用法及句子之后，教师顶多会让学生开展一次小组交流，然后就让学生进行写作，这种教学方式相对来说比较传统，而且是比较单一的，很容易受到学生的排斥。大数据到来之后，教师可以利用课堂上的多媒体，给学生播放关于写作教学的视频，还可以通过多媒体游戏的方式挑选学生发表自己的观点与想法，这些措施尽管看起来十分简单，但是没有大数据的加入是实现不了的，而且没有大数据的加入，课堂气氛也不会活跃，这就是大数据时代开展教学活动的优点所在。

3. 学生写作方式更加先进

在过去的大学英语写作教学中，基本上是教师给学生布置写作任务，然后学生自己进行写作，最后再交给老师进行批改，这样效率相对来说是比较低的。但是有了大数据之后，很多大学会开发一些关于大学英语教学的系统，比如说，现在大学生普遍使用的 iTEST 等，就是学生进行线上写作练习的重要工具。在这样的形势下，学生可以采用直接线上写作的方式，也可以按照系统的思路引导进行写作学习，当自己对写作有一定把握的时候再开展正式的写作。学生基本上是线上写作，教师在系统中就可以直接看到学生的写作成果，并对学生作文进行批改。这可以在很大程度上提升教师对于英语写作的批改效率，而且学生的英语写作学习效率也会在很大程度上得到提高。可见，先进的教学方式对于学生整体学习能力的提高至关重要。

4. 改变传统批改方式

传统英语写作教学中，学生在纸上写，收上来后教师对其进行批阅，圈划学生的好句与错误之处，给个分数后返还给学生。这样的批改方式时间长，反馈速度慢，效果不理想。大数据时代下，学生们在完成自己的写作后，可以通过电子邮件、QQ、We chat 等方式发送给教师，教师可以通过语音或者回复信息等方式及时进行评阅和回复，反馈更加及时。此外，还有一些网站和软件可以利用，如批改网、英语写作评阅系统、翼课网、Word Net 等都可以实现师生之间、生生之间的交互，以达到及时评阅反馈的目的，学生们还可以通过这些软件和平台，发现自己的薄弱之处进行积累，还可以对一些其他学生的作文进行美化和修饰，达到提升自我的目的。

5. 提高英语写作兴趣

大数据时代下，学生可以在完成写作后，直接提交，通过一些批改软件和批改网站，可以很快看到修改意见和自己的分数。学生在看到修改意见之后，还可以进行二次修改并提交进行批阅。在这种人机交互下，像“游戏”一样，学生不但能提高英语写作兴趣，还能不断提升写作能力。

6. 改变传统的英语写作目的

传统英语写作，学生只是对题干所给的必要内容，进行翻译，套用一些模板，使得自己的行文模式化，中间加一些适当的起承转合词，一篇文章就书写完成了。时间一长，学生们就会觉得英语写作课很无趣，只要背背模板，把要点写全就能得高分，显然这种想法是不对的。英语写作是在训练学生的表达能力和语言运用能力。大数据则给学生提供了很多便利，学生们可以浏览到许多优秀的文章，在读这些文章的时候，就会发现自己的语言运用能力还非常欠缺，会自发地要提升自己的写作水平，而不是为了完成教师的作业任务而模式化地进行英语写作。

三、大数据时代下英语写作教学的优化策略

（一）线上与线下相互结合教学

大数据时代是以互联网为基础，通过数据的搜集、分类、处理、存储、分析等过程得到的普遍规律，发现其中存在的问题，进而对这些问题进行处理，这是互联网大数据赋予这个时代的财富。在大学英语写作教学中该如何使用大数据呢？首先，要明确的是线上大数据只是辅助的作用，而不是主导和依赖，线下教

学为主，线上作为辅助工具。线上教学资源是非常丰富的，对于开阔学生英语写作视野非常有帮助，尤其是职业英语应用写作方面，专业领域的职业实用写作方法、范文教学可以随时随地地进行学习。其次，课上有限的时间导致教师在教学中不能详细地把英语写作的各种知识相互结合起来，而这一问题可以通过学生自学线上教学资源的办法得到解决。比如，词汇量不够的学生可以通过线上资源进行词汇量扩充和记忆。相对于传统教学模式，线上教学方式比较丰富，学生可以结合自己的知识薄弱点进行专项强化。教师可以利用线上教学资源弥补线下教学的不足，对优秀的教学方法予以学习和应用，进而可以创新出更加适合英语写作教学的方法。在实际教学中将线下和线上有效地结合到一起，以线下为主，线上为辅，充分发挥线上教学的优点，实现英语写作教学的预期目标。

（二）甄选或者开发优秀的网络教学资源

网络教学资源非常丰富，其中质量却参差不齐，教师在选择过程中非常苦恼，该如何选择，选择什么样的，怎么甄别，都困扰着教师。这里可以利用大数据的功能，每个教学软件都有线上评分系统和留言评价，这些信息足够多的情况下，是可以反映真实情况的。通过大数据分析每个软件的下载量、使用量、使用时间等，这些数据都是教学资源的使用者，可以获得学生真实的反馈，通过大众学生的使用情况反馈综合评价教学资源的实用性，这样可以更加科学地选出更适合学生的网络教学资源。除了教育机构开发的网络教学资源，也有相关专业的教师自己开发的教学资源，这是非常有利于大学英语写作教学的，技能与职业英语相互结合，又能解决该专业学生存在的写作通病，可以选择这些资源作为教学的辅助手段。时间和精力有余可以自己开发适合该专业学生的定制资源，教师可以结合自己的线下教学开发线上教学，相互弥补、相互强化，实现教学的预期目标。大数据帮助获得教学资源的同时，可以分析教学资源的实用性，通过使用者给出一个客观的评价，这个评价是公示的，更便于选择教学资源。大数据通过终端搜集信息，经过数据处理中心处理、分析这些数据，能够比较真实地反映实际情况，再利用这些分析结果做出抉择是非常科学的，也是大数据时代的基本应用。

（三）网课随时随地强化英语写作教学

网课有很多的优点，能够随时随地让使用者获得知识，其次可以针对自己知识的薄弱环节，找相应的教学资源进行有针对性的强化学习。这些很大程度地依赖学生的自主学习，需要学生从被动学习转化为主动学习，还要克服网络带来的其他诱惑，合理安排好自己的学习时间和娱乐时间、社交时间。首先，学生要明确自己大学的主要目的是什么，然后要通过教师的正确引导，激起学生的学习兴趣，充分利用线上教学资源的互动功能，内容更加贴近生活和职业。同时，利用网课把英语写作的范围拓展开，改变以往学生写作都是一个教材模板的现象，通过学生线上随时随地地练习写作，线上进行分析评价，通过大数据信息分析能力，对英语写作中存在的问题进行更正，并对应给出相应的正确语法、词汇等链接，学生可以马上对错误的知识点进行更正。大数据可以针对学生犯的共性写作错误予以统计分析，教师在教学中可以针对这些常见的错误进行特殊讲解，避免学生重复犯这种写作错误。

（四）重点强化教师教学培训

1. 注重培养学生新型读写能力

大数据时代，大学英语写作教学在与时俱进的同时也必定会产生一定的新型工具和新型学习方式。尽管大学生是时代变革的主体和主力军，但是大学生的学习能力是有限的，所以需要教师进行着重的培育与引导。教师在实际的写作教学过程中，多引导学生对于新型读写知识进行学习，培养学生的四、六级考试写作能力，学生对与自己利害相关的会主动去学习，对于新型读写资料和资源也会更加坦然地接受。

2. 注重写作教学资源的整合

新课改的背景下，对学生的德、智、体、美、劳等方面都提出了明确要求，对学生的写作能力也提出了很多要求，教师只有不断更新教学理念，才能适应新时代的要求。教师要在自己的课堂上扮演引领者发挥辅助作用，充分发挥学生的主体地位，不断学习先进的技术，利用大数据对教学资源进行整合，有助于学生发展写作思维，提高写作技巧。

大数据时代线上资源更加丰富的同时，也更加开放，因此，教师在对学生开展教学的时候要注意对线上写作教学资源进行整合，以更好地对学生开展相关的教学工作。比如，大学生对英语写作学习有一定排斥，这个时候教师就应该对写作教学资源进行整合，用一些比较积极向上的写作教学资源对学生开展教学工作，学生的学习价值观也可以在很大程度上得到塑造，这对于学生来说是一笔不小的财富。

3. 改变和更新传统教学模式

在大学英语写作教学中，传统教学模式就是教师通过板书的形式给学生讲授写作思路，然后让学生自己进行书写，这是一种比较被动的学习方式，学生也是比较排斥的。在大数据时代下，教师应该进一步改变自己的教学理念和想法，比如说对学生进行教学的时候，可以多使用多媒体技术或者学校最新的语音设备对学生开展教学工作，这对于学生的发展将会是一次巨大的提升。

传统的课堂，只能靠教师去准备知识，对学生进行教学和引导。现在的大数据时代，学生可以利用互联网进行相关写作内容的知识搜集和整理，教师可以把课堂还给学生，让学生们进行分享与交流，一方面增强学生的自信心，另一方面也在不断提高学生的表达能力、学习热情，也实现了英语写作教学的创新，达到了培养学生良好的学习习惯，不断提升英语写作能力的目的。

4. 学会运用新型写作处理模式

在过去很长一段时间内，教师对学生的写作基本上是采用纸质批改的方式，教师也很容易产生疲劳感。在大数据时代，教师可以运用新型写作处理模式，采取线上写作提交的方式进行批改，线上批改系统可以直接找到学生作文中的单词、标点错误，教师只需要看一下学生的内容就可以了，这对于教师来说是一个极其便利的工具。

5. 建立健全考评体系

英语写作相对来说是比较主观的，教师对于每一个学生的文章都会有属于自己的评判，但是这些评判相对来说还是缺乏一定的科学性。所以在大数据时代下，学校可以开发线上机器人批改系统，只需要将写作要求录入系统，系统就可以自动进行批改，可以在很大程度上提高写作批改的科学性，实现考评体系的健全。

大数据时代不仅丰富了英语写作资源，而且改进了传统的英语写作教学方法，调动了学生的英语写作兴趣，提升了学生复习和纠正的速度和效率。在大数据平台的支持下，学生的英语写作训练机会不断增加，教师和学生、学生和学生更具互动性，写作内容不断丰富，教师信息化水平也得到提高，教师的英语写作教学水平及学生的写作技巧也将不断提高。

总而言之，大学英语写作教学需要不断与时俱进，在大数据时代下进行大学英语写作教学优化势在必行。大数据时代下，不管是学生还是老师，都要学会以一种更加积极的态度对待和接受新事物，使新事物最大限度地发挥其作用，从而更好地促进我国大学英语写作教学质量的提高。

四、英语写作教学中引入大数据的意义

大学英语写作教学中引入大数据，不管是对于教师而言，还是对于学生而言，都是十分有利的，其意义体现在以下几个方面。

（一）促进英语写作教学内容的丰富

大学英语写作是一项重要的教学内容，需要英语教师切实根据学生的需求选择教学内容，如此才能够取得更为理想的教学效果。而当前很多学校所采用的英语教材中写作教学的内容都较少，难以满足学生的写作学习需求，这就要求英语教师要做好教学内容的选取。而大数据的运用，则能够促进信息流通，更好地对这一问题进行解决。如英语教师可以利用互联网搜集各个方面的写作内容，在课堂教学中引入丰富多彩的写作教学资料，还可以运用互联网与其他的英语教师进行沟通，促进资源共享、信息互通等，帮助学生更好地掌握写作技巧，提升学习效果。

（二）推动英语写作教学模式的多元化

在传统教学中，大学英语教师在开展英语写作教学的过程中，往往会采用语言讲解的方式，即为学生讲解写作的技巧、注意事项等，然后学生围绕主题开展写作。这种教学模式较为枯燥，不仅学生写作兴趣低下，而且容易出现反感情绪，影响学习效果。而通过对大数据的运用，则可以开发更为多样的写作教学模式，如线上线下相结合的教学模式、微课教学模式等，充分运用信息化技术，对写作教学过程进行优化，推动教学模式的创新，也能够激发学生参与学习的积极性。

（三）促进学生英语写作素材的丰富

英语写作需要学生具备良好的英语表达能力和较强的写作技巧，但是当前我国很多大学生因为学习英语的时间较短、基础不牢固等，在英语语言能力、语言表达技巧等方面还面临一定的缺陷，所以在写作的过程中也很容易出现“大脑空白”，不知道写什么的现象。这种现象的产生除了表达能力和写作技巧，还有一个较为重要的原因，就是学生的写作素材缺失，没有丰富的素材储备。这就需要教师引导学生对英语写作素材进行寻找，通过长期积累提升写作能力。如学生可以通过大数据对英语写作素材进行搜集，从中查找大量题材丰富、形式多样的写作内容，并对这些内容进行阅读、理解、学习，推动素材储备量的增加。

（四）提升教师信息技术能力

在大数据时代，要想提高学生的英语写作水平，教师在信息技术方面的能力自然需要提升与加强。如果教师不能自如地操作相关平台和软件，学生就只能应用原来的传统学习方式进行，达不到好的效果。所以教师要不断自学一些先进的信息技术，学校也要做好教师的培训工作，教师引导学生使用平台与教师、与学生之间进行交流与互动，实现基于大数据下的信息平台的英语写作能力的提升。

（五）建立有效评价体系与反馈系统

大数据时代的英语课堂教学与互联网可以做到较好的融合，教师可以给学生提供更多的写作资源，学生们可以通过网络搜集相关信息，利用大数据平台提交作文，系统会在短时间内对学生的作文做出评价，学生们可以很方便地发现自己的问题所在，也可以查阅其他学生的作文，互相学习，取长补短。教师也可以通过大数据积累下来的学生词汇、语法问题进行分析，结合学生的薄弱之处，有针对性地、个性化地为学生量身定做自己所需要的英语写作训练习题，大大调动学生的英语写作积极性。

（六）完善线上的互动教学模式

大数据时代，可以将线上互动作为英语写作教学的主要形式。不受时间与空间的限制，Email、QQ、We Chat、Blog 等都可以成为很好的交流写作的途径。教师可以根据实际需要，建立合作学习小组，布置一些热点话题、时事内容让学生去写评论，对一些经典故事做读后续写，对一些说明类文章可以进行概要写作，因此，学生的英语能力将不断提升，团队意识将逐步提高。教师还可以根据学生的写作内容在线实时反馈和在线答疑解惑，大大提升了学生的英语学习的兴趣。

第二节　大数据时代英语写作教学模式的改革

一、话题式英语写作教学模式

（一）话题讨论，激活灵感

话题式写作教学模式，与传统写作教学模式最大的区别和不同，就是此种写作模式不再是将知识传递给学生的简单过程，而是要基于大数据，在教师的指导下，促使学生实现有意义的写作能力构建，整个教学过程可以划分为四个环节，其中第一个环节就是“激活灵感”。在写作课程开始之初，教师可以基于大数据确定写作训练的主题，引导学生进行话题讨论，以此激活学生的写作灵感，避免出现“无话可说”的现象。以“Design an android and introduce it to your friend in the States”写作任务为例，教师就可以引导学生结合自身的生活经验，以小组为单位，就这一话题进行讨论。如教师可以让学生相互畅谈自己对于机器人的了解，说一说机器人的功能、形态等，从而在这样的话题讨论中，激发调动学生的写作热情，激活学生的写作灵感，将机器人与他们能做的事情联系起来，以此为接下来的写作奠定基础，促使学生想要投入写作环节中来。

（二）词句整合，提升逻辑

大学英语作文篇幅并不长，写作的关键就在于如何让学生在有限的篇幅当中，清晰地表述写作内容，并形成清晰的框架结构，而在话题式写作教学模式当中，教师就可以基于大数据，结合话题结构，通过不同的话题案例，引导学生对海量的话题内容进行分类总结，结合相关话题的基本框架，整合词句，运用“词块”进行拓展句型的练习，这样可以逐渐地提升学生的英语写作逻辑思维。这样的话题式写作教学模式，以规范、优秀的句式为学生提供参考，可让学生结合自身的实际水平进行补充拓宽，可循序渐进地提升学生的写作思维能力。

（三）独立探究，完成初稿

在话题式写作教学模式当中，经过上述教学环节，学生对写作话题基本上已经有了一定的认知，此时教师就可以引导学生根据写作主题和已获得的相关信息，确定写作思路，基于大数据明确本篇文章适用的词汇、语法等，让学生独立地完成初稿，由于在之前的话题讨论中，已经利用大数据为学生搭建了知识平台，此时学生就可以快速地进入写作状态之中。如在以*Behind beliefs*的命题写作中，通过上述的话题讨论，学生基本会明确以下写作思路：一是从“beliefs”这个微观概念出发，聚焦于生活中的一些小事，使文章内容更加具体；二是从梦想是否有用这一宏观辩题出发，表达自我的观点。

（四）讨论批改，合作评价

在传统的写作教学中，对于作文的评价批改，完全都是由教师全权负责，学生很少参与其中。显然，这样的批改评价方式，忽视了学生的主体作用，使得学生并不是很关注教师的评语，评价环节流于形式。而在话题式写作教学模式当中，教师可以将评价权力下放，基于大数据选择评价方式，例如，采用合作互评的方式，让学生就互相的作文，进行话题讨论。比如，教师可以基于大数据，将具体的作文评价规则和方式传授给学生，然后让学生依照科学的评价标准，就相互的作文优势和不足进行讨论，例如，作文内容是否存在句式单一的问题；是否多用 there be 类的句型；文章的主谓宾顺序是否一致；从句、感叹句、强调句、虚拟语言运用情况等。同时，还要注重讨论，是否存在中式英语的问题。而在学生讨论批改环节中，还可以引导学生对优秀作文的问题进行话题讨论。这样的作文评价方式可以更好地调动学生的主体作用，让学生在讨论批改、合作评价的过程中，取长补短，促使学生的写作能力得到更好的发展。

话题式教学模式在英语写作教学中的应用，为学生搭建了动态、渐进的写作平台，可将复杂的写作任务，进行解构划分，让学生在畅所欲言的氛围当中，有效地提高学生的词汇的记忆和输出，尽情地表达自身的所思所想，这与传统的写作模式格局是大有不同的，不仅有助于学生写作兴趣的激发，还可以促使学生的写作潜能得到更好的调动和写作信心和能力的提高，在今后的英语写作教学中，教师有必要对话题式教学模式做出更加深入的探索研究。

二、混合式英语写作教学模式

（一）混合式写作教学设计

1. 课前准备

教师可以基于大数据，在课前将学生写作所需材料、MOOC 资源、微课视频、相关网站等分享到学习平台，提供给学生参阅。学生依据教师提供的资源选择性学习研究，主动学习并进行自我监控、自主设置不同的学习计划与规划。教师在后台监督学生学习情况与进度，向学生提出有针对性的问题，并及时解答学生的问题；然后在平台上发布写作任务，使学生完成写作，并限时要求学生将作文一稿提交至教学平台，由平台打分。学生自主地学习实现了教学内容的有效输入和部分内化，为后期课堂教学做好了知识准备。此外，课前的自主学习能够满足不同层次学生的学习需求和学习兴趣，增强了学生写作的兴趣和尝试、挑战自我的勇气和信心。

2. 课中教学

（1）教师有针对性的教学

教师基于大数据针对学生一稿中的问题进行讲解，将学生写作中遇到的问题分析归类并集中答疑，帮助学生解决在自学过程中的疑难问题。

（2）同伴互评

教师基于大数据并依据写作水平将学生分成几个小组，请学生在小组中互相批改作文，并将利用大数据确定的写作评分标准分发给学生，作为作文评分的依据。小组成员至少要批阅三篇组内成员的作文，作文评分最终选取几次评分的均值，以保障评分的客观性和科学性。在这一过程中，小组成员有机会互相借鉴，实现合作学习，取长补短，使全体成员共同成长。

（3）完成二稿

学生采取组内头脑风暴的方式，互相借鉴经验，吸取他人建议，集思广益，在同伴的帮助下完成二稿。教师采用这种教学方式授课，学生的二稿将不会停留在原水平上，不痛不痒地修改，而是真正加强了作文能力。

3. 课后评价

学生将课上撰写好的二稿发布到班级平台，教师在课后为学生逐一批改，并给出反馈建议，学生以反馈建议为依据，再一次修改作文，最后完成终稿，并再次发布到教学平台，由平台打分。教师则整合相关数据，以三次评分的均值为基本依据，附加学生作业完成情况及课堂表现，给出客观合理的评分。

（二）混合式写作教学模式的优势

1. 提高学生英语写作积极性

一切知识的学习都要依托学生的主动性，学生写作技能的形成，以其积极主动进行知识构建与内化为前提。只有调动起学生学习的主动性，使课堂气氛活跃起来、师生互动频繁起来，才能使学生真正融入课堂，进而感受写作本身的独特魅力。传统课堂中活动形式单一、课堂互动少、学生成绩提升不显著，导致学生写作积极性不高；而混合式教学独有的资源丰富、活动多样、反馈及时等优势，使学生乐于学习、乐于互动、乐于探究、乐于写作，切实增强了学生写作积极性。

2. 培养学生英语写作思维

大部分学生缺乏英语写作思维，究其根源是学生知识储备有限。越到英语写作的高级阶段，越需要英语思维。从学生的写作流于形式、文题不符、内容空洞等问题中不难看出学生英语写作思维的重要性；因此，培养学生的英语写作思维是英语写作教学的重中之重。然而课堂教学时长的限制，使这一目标很难实现；混合式教学则能够较好地解决这一难题。教师通过不同平台推送大量的材料与资源与学生共享，扩充了学生的知识储备，学生以此为基础，能够展开自主探究、积极思考，培养英语思维，使英语写作内容充实、观点明确、衔接恰当。

3. 培养学生自主学习的意识与能力

“学习化社会”对于我们来说将是一种必然，其内涵就是能否自主学习。学校教育不能只传授知识技能，必须重视培养学生自主学习的意识和相应的学习策略，使学生拥有自主学习的能力。混合式写作教学模式与传统课堂的教学模式主要区别在于线上和线下结合教学，这种教学模式能够给予学生大量的自主学习机会，并使学生完成教师发布的任务，自主制定学习计划，及时调整学习行为，采取恰当的学习策略，最终养成自主学习能力。

三、英语写作教学翻转课堂模式

（一）翻转课堂教学框架

以课前准备、课中教学、课后巩固三个阶段构建翻转课堂教学框架。

1. 课前准备

教师基于大数据制作微课教学视频与学生自主学习相结合，是翻转课堂教学模式的重要阶段。教师在录制英语写作微课视频时，讲授英语作文的写作手法和技巧、写作理论知识要点、优秀作文点评、重点词汇搭配和句型表达等内容，汇总在微课视频中；同时，教师还要利用大数据整合教学资源，充分考虑学生的英语水平差异，合理安排有利于学生自主学习的教学材料。学生观看微课视频，重点学习教师讲解的英语写作关键知识点。也可以分为几个学习小组，学生将观看微课视频后的学习情况和遇到的问题反馈给组长，由学习委员或英语课代表分类汇总反馈给教师，以利于针对性教学。

2. 课中教学

教师根据微课视频反馈情况明确教学侧重点，课堂重点讲解学生自主学习碰到的问题。采用互助学习的同伴教学法，鼓励学生在学习小组里交流和讨论遇到的疑难问题；学习小组之间分享各小组的优秀英语作文或段落，鼓励小组之间自评和互评作文，交流讨论心得，使每位学生都能够借鉴和学习其他学生的写作亮点，修改完善自己的英语作文。教师在教学过程中跟踪指导学生学习，指导学生自主解决学习中遇到的问题，以实现高频率的师生互动。

3. 课后巩固

教师评阅英语作文可以了解写作教学效果，评估学生的英文写作技巧、词汇量、语句应用、句式连贯、词句准确度及文章思想深度等，从而了解到学生英语写作存在的优缺点，有的放矢地制作微课视频的教学侧重点，进行深层次的修改完善。学生根据教师的评价与修改建议，对英语文章再次修改，形成自己的写作特点，不断提高英语写作水平。

（二）英语写作评阅分析

参照大学英语四级写作评分标准，写作中出现错误较多的如下。

（1）词汇量小，用词单一，高频使用一些类型单一、难度较低的英语词汇，重复率较高；学生对单词音节构成的规律和单词的音标拼读不熟悉，词汇拼写时常出现错拼、漏拼等，错误类型重复；动词使用错误较多，使用的系动词、情态动词、动词固定搭配等容易出现差错。

（2）语法不扎实，懂语法，但是不会在写作中运用，句式单一重复，写不好长句。

（3）中式思维英语化比较明显，作文中常出现语法正确但阅读生硬的句子，甚至出现语法套错的情况，容易错用语法和语序，忽视英语表达方式。

（三）英语写作教学效果测评

（1）教师基于大数据平台为学生整合各种相关的课程学习资源，利用高校数字图书馆提供的数据库资源，使学生英语写作练习时可以检索到相关课程内容；学生课前观看教师基于大数据制作的相关课程微视频，并进行英语写作知识点学习。

（2）教师在课堂上解答学生课前自主学习遇到的疑难问题，对于学习内容进行检查评价，解决学生普遍存在的问题，对个别学生的单独问题课下再作解答。

（3）学生以学习小组的方式进行学习讨论，开展小组展示、思维风暴、写作练习和学生互动交流等活动；增强学生间的相互学习和讨论，改变以往教师单向评估为师生的双向评估；教师汇总学生的讨论情况在给学生解答问题的同时，依据每个小组的学习状况对学生进行实时测评。

（4）教师通过线上线下对学生作文进行批改，整理分析写作数据。此外，也要注重对学生的英语听、说、读的掌握能力进行测评。

四、英语写作过程教学模式

（一）过程教学模式的实施

在英语写作教学中采用过程教学模式时，教师应细化每一个教学步骤，让学生亲身体验写作的每个环节，如思考、讨论、输出等，进而提高写作能力。据此，我们可以把英语写作分为四个阶段：理解写作题目并构思、打草稿、修改完善草稿、定稿成文。教师的指导应贯穿整个过程。

首先，在写作的第一步，教师要基于写作相关的大数据引导学生解读写作要求，这是写作前的准备工作。学生明白了写作要求后，才能在写作的过程中紧扣话题、思路清晰，才能明确写作方向、建立写作框架。为了让学生有更多的写作思路，教师应创设不同的情境，开展不同的话题讨论，引发学生更多的思考。比如和学生生活比较贴近的写作题目，教师可以采用问答的形式先了解学生的思路。另外词汇量缺乏的学生无法实现中英文的准确转换，对于这种情况，教师可以指导学生把中文句子进行同义替换，如“从不介意”可以表达为“非常喜欢”，这样就解决了他们在写作时词汇量缺乏的问题，同时打开了学生的思路，激发了他们的写作兴趣。

其次，有了写作思路后，学生需要完成草稿。在打草稿这个阶段，教师要基于写作相关的大数据，指导学生写得详细一些，例如，先构建文章框架，再列出关键词及可能用到的短语和语法。下面介绍如何引导学生进行初稿写作。（1）审人称。仔细阅读题目，确定写作中使用第几人称。（2）审时态。根据题目要求判断时间节点，确定时态。接下来，教师可以提供一篇范文，让学生有可依据和模仿的对象，明确重点词汇和语言结构，逐渐养成正确的语言习惯。这样，学生完成初稿的写作就容易多了。

再次，进入修改、完善阶段。在这个阶段，我们可以基于写作相关的大数据分为自我检查纠错、组内互改、小组间相互交流三个环节。在第一个环节，学生可以通读一遍自己的文章，修改时侧重于单词的拼写检查，注意文中时态是否一致，标点符号的使用是否正确，大小写有没有进行区分。自我检查，不但避免了一些低级错误的出现，而且让学生对文章结构更清晰、明了，还让学生在以后的写作中出现同样错误的概率大大降低。在第二个环节，教师可以根据学生不同的学习能力，将其划分成不同的学习小组，让学生在自我检查纠错之后进行组内互改，给他们提供互相学习的机会。同时，教师要基于写作相关的大数据明确修改的标准，如内容要点是否齐全，语言表达是否准确，语法是否出现错误。每篇作文都可以在小组内进行详细的讨论和交流，学生在讨论的过程中可以看到其他学生作文中的闪光点，能够积累更多知识。同时，在小组互评结束后，对于学生习作中出现的问题，教师可以进行统一讲解。学生间的互相修改，既提高了学生的写作能力，又调动了他们的创作热情。

最后，进入定稿成文阶段。学生将上述环节中出现的所有问题进行统一修改后，一篇合格的作文就呈现在了学生眼前。在这一阶段，教师可以组织学生分享和评选优秀作文，建立优秀作文数据档案，并将评选出的优秀作文展示在教室宣传栏中，让全班学生赏读。

（二）过程教学模式实施意义

1. 养成良好的写作习惯

过程教学模式的训练，能促使学生在写作时养成良好的习惯。面对不同的写作题目和要求，学生能结合实际生活和学习经验拓展自己的写作思路，并列出提纲。作文草稿也从最初的逐字逐句写出到只需写出重点词汇，甚至只需要打腹稿。不论平时的写作练习，还是考试时，学生都会主动检查自己的草稿，避免了很多低级错误。

2. 提高学习能力和写作水平

在平时的学习中，经常开展对优秀作文的学习和借鉴活动，学生的词汇量会越来越丰富，同时也能积累写作素材。即使面临有难度的写作题目，学生也能够用较为准确的语言表达核心内容，思维能力也得到了有效提高。通过运用过程教学模式，学生的写作水平、学习英语的主动性有了明显的提升。基础好的学生能够在作文中引用名人名言，达到锦上添花的效果；基础薄弱的学生提高了参与英语写作的积极性，课上认真听讲、记笔记，课下努力记忆单词，主动寻求其他学生或者教师的帮助来学习语法。

3. 有利于学生的可持续发展

过程教学模式提高了学生的主动性，使他们更关注学习过程中每个目标的达成，少了只关注成绩、荣誉的功利主义思想。同时，过程教学模式有助于培养和提高学生的分析能力，一些看似复杂的写作要求，经过学生的分析和梳理，会变得清晰易懂。英语写作考查的是学生分析问题的能力和表达能力，学生如果只靠单纯的记忆、背诵来积累写作素材，很难提高学习能力。如果学生能养成独立思考、多角度分析问题的习惯，他们在面临更复杂的写作训练时就能够轻松应对。因此，从这个方面来看，过程教学模式有助于促进学生的可持续发展。

五、大数据时代英语写作教学模式改革的意义

（一）有利于提高写作教学质量

1. 全面整合网络素材资源

在具有实施互联及资源共享特征的互联网支持下，教师能在互联网环境中获取丰富多样的网络写作素材及资源，以此形成对教材的有效补充，达到丰富学生英语表达积累、拓宽其文化视野并深化其知识结构的目的，使其在写作过程中真正“言之有物”，增强其表达的多样性，促进其语言理解与应用能力、跨文化理解与交际能力实现同步发展。由于网络所提供的素材和资源在质量上参差不齐，教师需从教学针对性和生动趣味性出发，对其进行系统的甄别和筛选，确保其在充分符合授课目标的同时，能有效调动学生的学习积极性与主体性。

2. 应用微课构建翻转课堂

微课是一类以视频为基本形式、以某一具体的知识点或应用案例为主要内容的实践教学工具。借助微课，教师能有效地将学生获取知识的环节由课上转移至课下，推动学生在课下利用互联网和智能网络设备完成对微课的观看和学习，并在这一过程中获取知识，同时记录好产生的疑问。翻转课堂模式下，课堂的主要功能转变为教师引导学生对自主学习微课过程中产生的问题进行交流讨论，通过探究和总结归纳得到关于问题的有效解决方案。因此，教师要在设计和制作微课时树立问题意识，围绕微课中包含的具体知识点，向学生提出若干思考问题，调动学生带着问题展开微课学习和思考，从而为后续的交流讨论做好充分的准备。

3. 重视引入线上教学平台

线上教学平台具有实时直播、资源上传与下载、作业上传与批改、交流互动、学习动态跟踪及数据分析等多样化的功能，在构建融合教学模式的过程中，教师应重视引入线上教学平台，借助线上平台增进与学生之间的交流互动，快速给予其相应反馈，从而帮助其实现针对性提高。第一，教师可以应用线上平台拓宽英语写作课堂的边界，应用线上直播课程形成对课堂的有效补充；第二，教师可以将围绕具体写作场景或主题进行拓展补充的微课上传至线上平台，从而为学生的自主拓展学习提供更为丰富多样的选择，切实丰富其知识积累并强化其自主学习习惯；第三，教师可以应用线上平台布置线上作文作业，利用信息技术的强互动性，及时对学生的英语习作进行阅读和批改，使其能快速获得关于自己所创作内容的反馈和建议，并针对其中存在疑问的地方展开进一步的交流及探讨，帮助其实现写作方面的针对性提高；第四，教师可以应用线上平台的学习情况数据分析

功能，对学生的自主学习状况进行系统全面的了解，及时发现其中存在的不足并与学生交流沟通，促进问题实现有效解决。

4. 创新写作教学评价方式

传统写作课程中，教师主要通过直接给予学生确定的习作分数进行评价，不能有效帮助学生明确自己现阶段需要改进之处。在多媒体等信息技术的支持下，教师能有效对写作教学的评价方式进行创新。借助多媒体的投影功能，教师可以在设备上随机展示一篇习作，然后调动全班学生共同对习作文句、词汇及语法应用等方面进行综合分析，与学生一同完成对习作的评价，并借助计算机直接在习作上进行批注评语，从而增强评价的针对性与实效性，使学生明确具体应在哪些方面加以改进。与此同时，由于信息化教学下，教师将微课、线上平台及网络博客等创新性工具引入写作课堂，因此，可以重构评价体系，进一步提高对学生学习过程的关注，将其微课学习与讨论情况、线上作业完成度、网络“生活日志”记录情况等纳入评价标准，进行综合衡量及评价，以此进一步端正其学习态度，积极主动地应用互联网展开自主学习。

5. 创设具体的写作教学情境

信息技术具有很强的情境性，应用信息技术，教师能快速还原生活中某一具体的场景，并进一步快速引出写作主题，以生活化的情境增进学生对英语写作和生活间关系的认知，促使其将自身真实生活经历与英语知识进行结合，有效激发其思维和灵感，推动其在情境中应用英语进行写作表达，从而高效完成知识与技能的传授。

（二）有利于调动学生写作积极性

1. 基于大数据实现英语写作教学的数字化和个性化

教师在课堂上成为学生学习的指导者，运用大数据教学平台资源，了解学生的学习方法和学习效果等，根据学生的不同需求制定个性化的学习指导。学生成为学习中心，可以自由安排学习时间、学习内容和学习进度，极大地调动了学习的积极主动性，这有利于培养学生的个性化发展和自主学习能力，提升学习潜力和学习成效。同时，学生也要承担更多责任，需具备较强的自我管理监督能力。

2. 基于大数据实现师生之间的互动

传统课堂教学基本是教师“满堂灌”，学生被动地听。大数据时代课堂学习交流是师生互动的双向交流，不受时空限制。学生的学习需求有足够的机会与教师互动，师生共同成为教学主体，学生在学习中获得存在感。教师基于大数据平台资源线上布置个性化的课下作业，学生利用线上学习工具独立完成作业，而且线上的学习平台提供的知识点众多，学习方式多样化，师生线上互动沟通频繁，强化了学生的英语写作能力。

3. 基于大数据整合平台资源构建翻转课堂模式

在英语视、听、说、写课程教学实践中，主要是以教师在线辅导和学生自主学习相结合的模式，这为今后实行翻转课堂模式奠定了基础。基于大数据的翻转课堂模式下，英语写作教学出现了新的特点，如使用大数据资源平台，随处可用的学习场地，碎片式的学习时间，交互式的学习过程，都成了英语学习的创新方式。通过大数据资源平台，整合共享英语写作教学资源和学习内容，以文本、图片、音频，视频等形式，将英语写作课堂学习内容、课程讲解、布置作业、教师反馈、师生及学生相互交流等模块上传网上学习平台，更适合英语写作教学特点。

4. 对学生的学习行为和学习效果进行大数据分类

教师基于大数据对学生的学习情况和表现进行数据化分析和归纳，了解学生在英语写作中碰到的问题和学习需求，查找问题和不足，从大数据平台筛选有针对性的教学内容，采取不同的教学手段，因材施教，开展课堂讨论、强化英语写作训练、进行个性化的学习指导等，使学生发挥更多的主观能动性，以满足学生英语写作学习的数字化、个性化需求。

5. 基于大数据建立英语写作教学考评体系

学生的自主学习能力和教师对课上课下的有效监管是写作教学成效评价的主要内容。基于大数据平台建立科学的教学考评体系，通过调查问卷、课堂测验等测评方法对教师教学方法、学生学习成效及师生互动等进行考评，评估英语写作的教学效果。大数据平台资源中的教学批改系统，如作文批改网，可以解决英语写作中碰到的大部分问题，自动批改学生英语写作中出现的语法、词汇、句子错误等，对学生进行测试和点评。学生通过该系统和教师意见对写作课件进行反复的深度修改，对英语写作的弱项进行反复学习和训练，加深理解和强化学习效果。考评系统可以记录存储教师对学生英语写作的每次评阅和学生的写作修改，以便后期教师通过大数据平台对学生平时英语写作课件所有的点评和测试数据进行整合统计，分析英语写作教学和学生学习存在的问题，调整教学方法，精准指导学生的写作学习。

（三）有利于培养写作记录习惯

互联网时代，网络博客成为人们记录生活的重要方式。实践中，教师可以推动学生借助各类网页或软件，建立属于自己的个性化博客，在博客中上传自己的英语习作，使其成为记录自己英语创作成果的重要载体。与此同时，教师应重视培养学生形成应用网络博客写作“英语生活日志”的习惯，通过设计开展相应实践活动，进一步强化学生的日常英语写作习惯。与此同时，教师应重视应用微信、QQ 等网络新媒体建立专门的学习社群，定期在社群中发布写作话题，以此有效丰富学生的写作实践机会，推动其进行主动创作、记录和交流，从而在信息技术的支持下，推动写作课堂进一步向学生的生活实现延伸和渗透，取得良好的融合效果。此外，教师可以调动学生利用网络博客的评论功能，调动学生互评，从而使其获得更多关于习作的反馈，并在这一过程中增进交流。

（四）有利于增强学生的写作兴趣

信息技术具有很强的形象性和生动性，借助多媒体技术，教师可以方便快捷地向学生呈现丰富多样的素材与资源，从而有效提高写作课堂的丰富程度，并应用生动有趣的图像、音频、视频、动画等素材资源有效激发学生的写作学习与实践兴趣，有效调动其感官知觉，推动其积极主动地对课程内容进行理解，从而取得良好的实践效果。

（五）有利于发挥学生的主体作用

信息技术的趣味性与互动性，能实现对学生的有效调动，促使其积极主动地理解和学习英语词汇、句式及其他表达，从而丰富其知识积累，为写作实践打下良好的基础。与此同时，信息技术还能有效拓宽英语课堂的边界，突破时间和空间的限制，使学生能随时随地在互联网环境中学习和实践，切实增强其自主学习能力，进一步发挥其学习主体作用。

综上所述，大数据时代英语写作教学模式的改革，有利于切实增强学生写作兴趣、高效完成情境创设并充分发挥学生在写作学习中的主体作用。实践中，教师应落实对网络素材资源进行全面系统的整合、应用微课构建写作翻转课堂、引入线上教学平台增进与学生之间的交流互动、借助网络博客培养学生形成写作记录的良好习惯及对写作教学评价方式进行创新等策略，切实提高信息技术与英语写作教学融合程度，有效创新写作课程组织模式，达成促进学生英语学科核心素养发展的目的。

第三节　大数据时代英语写作教学反馈的新形式

一、反馈在英语写作教学中的运用

（一）反馈的概述

1. 反馈概念

在写作教学过程中，反馈是至关重要的一个环节。实际上，反馈的概念最早起源于工业革命，当时“反馈”被用于形容调控机制的复杂性。有学者基于某种特定的反馈内容，认为学习者用语言来描述信息，因为语言的对象是其他人。肯定了反馈对语言学习的积极作用。

教学反馈是必不可少的步骤之一。反馈的形式既可以是教师对学生的写作文本进行书面批改，也可以采用口头讲解的方式对学生的写作进行反馈；反馈的评语既可以给予鼓励式的表扬，也可以给予适度的批评；反馈的主体既可以是教师与学生之间的合作，也可以是学生与其他同伴之间的互补。评估和改正是构成反馈的两个主要成分，反馈的真正意义是读者对写作者的写作文本提供评价和纠正的信息，来实现教与学之间合作的过程。

2. 反馈内容

反馈内容是教学内容的一部分，从某种程度上来看，它是教学内容的补充说明或扩展。有学者指出教学内容或者说教材内容在某种程度上是可以用知识替代的，因为它是来源于“历史上共享的知识”，并且可以随着时间而变化的。此外，有学者还指出将其他用以促进学习者学习的内容或教材称为教学材料。反馈内容分为结果性反馈、过程性反馈、自我调节反馈及评价性反馈。

3. 反馈时机

课堂作为大学教学活动发生的主要场所，应当充分利用以提升学习者的学习。大学课堂教学反馈的时机，毫无疑问是发生在课堂中。学习者并非对所有的内容都感兴趣，不同的学习者感兴趣的内容也不一样，要为学习者提供反馈信息，必须掌握好给予反馈的合适时机，在学习者感兴趣的时候，给予反馈。教学行为作为学习者学习过程影响因素之一，需要教师抓住学习者的注意力，引导学习者积极参与学习，这就涉及教师把握吸引学习者注意力的最佳时机。

（二）反馈的运用

在教学实践中，反馈呈现更复杂的维度：一是反馈的时机，即反馈出现在学习周期中的哪个时刻；二是反馈的互动结构，即反馈互动的参与者是谁，以及反馈面向的是学生个体还是整个班级；三是反馈的媒介，即反馈是通过口头语言、书面文字，还是利用技术手段呈现出来。如图 5-3-1 所示，展示了学习周期的每个阶段可能采取的反馈形式、结构和策略。

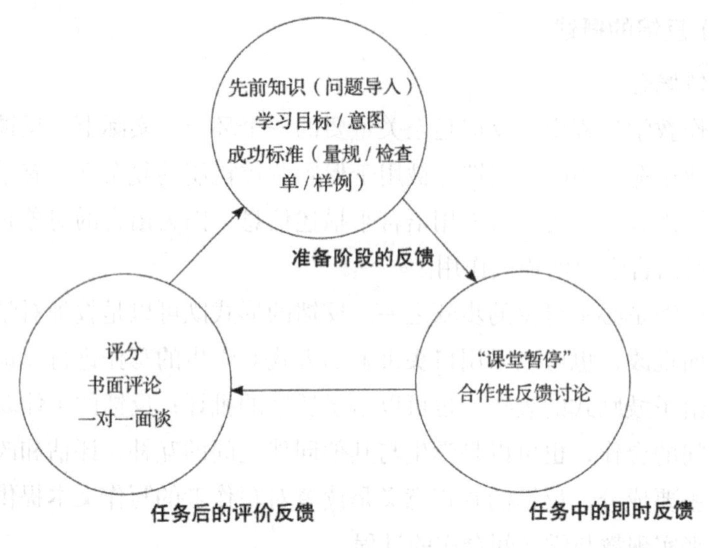

图 5-3-1　每个学习阶段的反馈

1. 把握反馈的时机

所有学生，不管他们的学业成就处于哪个水平，在开启新的学习时，至少需要反复进行三到五次，才有比较大的概率掌握新的知识和技能。在这段学习旅程中，教师应该让学生有机会获得多种经验和反馈。

（1）准备阶段的反馈

在学习的准备阶段或任务开始前，教师需要做的事情是了解学生当前的理解水平，唤起学习者的先前经验，并为将要开始的学习设定目标和成功标准。

在这个阶段，反馈的要素包括：①利用问题导入揭示学生已经知道什么。这让教师有机会聆听来自学生的关于他们知道或不知道什么的反馈，并根据学生的反馈对教学计划做出即时的调整，把更多的时间用在学生尚未理解或掌握的内容上。②设定学习意图和成功标准。这就是所说的"正馈"，目的是告知学生他们要达成什么目标，以及成功或良好的表现是什么样子的。有学者认为学习意图可以是封闭性的（比如使用定语从句）或开放性的（比如议论文写作）。相应地，成功标准可以是由强制性要素构成的，有明确的步骤和规则，所有学生都能达到同等水平；也可以是由可能性要素构成的，包括有助于实现学习意图的各种可能的途径和工具，但并非所有学生都能达到同一水平。教师可以预先设计学习意图和成功标准，但在有需要时须做出及时调整，它们可以为师生后续的讨论提供一种共同的“学习语言”。

（2）任务中的即时反馈

当学生参与学习任务时，向他们提供即时的反馈是最为有力的，这是因为学生仍然身处学习的情境中，反馈可以直接引起行为和策略的改变。很多教师习惯在教室里不断走动，并向学生提问或给予反馈，但反馈本身很少被视为一个常规的课堂环节。因此，哈蒂的建议是把反馈进一步正式化，使之成为一个结构化的课堂活动。

第一种类型的活动是“课堂暂停”。就像是在球赛中，当球员表现不佳或需要做出调整时，教练员会叫“暂停”。在学习任务进行的过程中，教师也可以让学生“暂停”一下，具体的流程可以是：首先，教师随机挑选学生的作文，把它投影在屏幕上；其次，让学生先观察一下，然后讨论哪些地方达到了成功标准，哪些地方仍有所欠缺；最后，师生一起探讨，并给出具体的改进建议。课堂暂停是由教师主导的反馈活动，关键是教师最初需要向学生示范如何分析和修改他们的作品，当学生将这种思维模式内化以后，教师可以让学生先自我审视和修改，从而确保反馈能够指向学生无法发现的地方。

另一种类型的活动是由学习者主导的“合作性反馈讨论”。同伴评分或者同伴评价的一种常见形式是学生交换作文进行批改或评论，但这种方式的缺点是同伴之间缺乏即时的对话，这使得大多数评论都是肤浅的，无法带来有效帮助。合作性反馈讨论是由两位学生一起依次阅读和讨论他们其中一位的作品或作业，并决定哪里做得好，给好的部分打上标记，然后再谈论如何改进。同伴之间可能会有不同的意见，但最重要的是给出充分的理由。在整个过程里，作品的作者用不同颜色的笔在本子上的空白处进行修改，并对如何修改拥有最终决定权。这样做的好处是让同伴反馈聚焦于实质的改进，而不只是给出空泛的评论。

（3）任务后的评价反馈

当反馈出现在学习任务结束以后，其价值就会大为降低。但现实是教师每天都会投入大量时间用于课后反馈，比如为学生的作业、作品或考卷评分和写评语。这是难以避免的，因为教师在课堂的短暂时间中难以细致地顾及每一位学生，直到课后，教师才有机会更全面地了解学生的情况。哈蒂的建议是教师应该减少使用评分的频率，更多地采用有信息量的书面评论或一对一面谈。评分是一种总结性反馈，当一个主题、任务或项目结束时，它可以提供对一个学生的表现是否达到预期标准的判断。然而，这种反馈并不包含改进的建议或“下一步做什么”的前馈信息，因此，很难实现积极的效果，而且当学生把分数用于与其他人做比较时，他们接收的更多是一种自我层面的反馈，甚至会损害学生的学习。同理，除非教师的书面评论能够提供前馈的信息，否则也不会产生很大的作用。与评分或书面评论相比，一对一面谈是一种更直接有效的方式，3~5 min 的交谈就能传递大量信息，并且对师生关系有很大的增进作用——因为学生感到自己被重视，所以会格外珍惜这些时间。

2. 反馈的互动结构

促进师生间与同伴间的对话是反馈的互动结构。反馈通常被视为教师帮助学习者的工具，教师应该尽可能地向学生提供详细且全面的反馈。尽管这很重要，但相比于教师提供了多少反馈，更重要的是学生接收到什么。这一切都指向一个相反的方向，即教师同样需要从学习者那里获得反馈。无论是学习者的自我评价，还是教师的反馈，都只是对学生真实表现的一种主观诠释，因此，自我评价与外部反馈之间的差异是普遍存在的，而消除这一差异的唯一途径就是展开对话。教师需要从学习者那里获取反馈，了解学习者如何看待自己的表现，了解其在目标、内容、方法和媒介等方面所做的教学决策是否产生了预期效果，以规划接下来的教学。如果教师仅凭自己的印象或预设去教学，就很可能做出错误的判断，并且会导致学生对教师的不信任。

反馈对话的一个很好的开始是共同设定成功标准。比如教师可以通过书面或已完成作品的形式，展示使用特定技能或知识的范例，然后让学生进行同伴讨论，每次识别一个特征，最后教师将学生提出的这些特征汇总起来。在任务进行时，教师可以运用出声思考的策略来示范如何运用特定的技能，比如在讲授如何解决某类题目时，教师可以将整个思考过程用语言表达出来，并反复地问学生“我刚做了什么”，帮助学生识别这些技能的步骤或要素，同时提醒学生要避免的错误。在课结束时，教师可以使用“结课卡”来搜集学生对课堂的意见——他们是否达到目标、是否理解主要内容、方法是否可行、媒介是否有用，这些信息为教师评价自己的影响力提供了证据。

3. 反馈的媒介

口头或书面语言是传统的反馈传递方式。相对于书面反馈，口头反馈能够引起学习者即时的改变，并且能够产生情感上的联系；书面反馈的优势在于学习者有机会重复阅读，从而提供更大的反思空间，这有助于培养学习者的自我评估和自我调节的能力。但无论是口头还是书面反馈，都需要学习者拥有寻求和运用反馈的心智框架和倾向，这表明媒介在反馈实践中并不起决定性的作用。

在当前远程学习可能会成为一种新常态的背景下，教师和学生的反馈实践面临更多的挑战，比如教师无法观察学生的课堂表现并给予即时反馈，此时技术将发挥更大的作用。效应量最高的两种数字技术都与反馈有较大的联系，分别是互动性视频（效应量为054）和智能辅导系统（效应量为051）。互动性视频是在知识讲解的视频中穿插一些互动性的要素，比如呈现一些问题，并且根据学习者的回答情况触发不同的事件。这种技术模拟了一种真实面对面的课堂场景——教师在讲授知识的过程中不断穿插促进理解的问题，然后给出合适的反馈。在未来，互动性视频还可以结合虚拟现实技术，提供一种自由度更高、趣味性更强的沉浸式学习体验。智能辅导系统的最大特征就是运用学习分析学、人工智能技术为学习者规划合适的学习路线，对学习者的表现做出智能诊断，并且给出即时的反馈和提示。

尽管计算机、平板电脑和社交媒体为传递反馈提供了新的媒介，但需要强调的是，即便在远程学习的场景中，反馈的本质仍然没有发生变化，有效反馈的模型和原则依然适用于这些新工具的设计。互动性视频、智能辅导系统等技术通常由专门的内容生产者来提供，被用于商业用途，教师的角色实质上是被弱化的。就目前而言，这些技术所能提供的大多是任务层面的反馈，缺乏过程和自我调节层面的反馈，因而难以促进学习者的深层学习，这是需要专业教育者去弥补的。其中一种策略是教师利用视频或语音录制的功能，模拟在面对面环境下提供的口头反馈，为学习者提供更多自我调节和情感方面的支持。

在特定意义上，有效反馈的本质是对话与理解：一方面，反馈有时候能够产生很大影响，这是因为这样一种对话把真正有价值的信息传递给了学习者，并且使学习者的行为发生了改变；但另一方面，反馈有时候几乎没有影响，甚至会有反作用，这是因为我们有时候会拒绝对话、拒绝听取他人的意见，或者会误解他人的话。这都表明在反馈的对话中，真诚、包容和尊重有多么重要！

二、自动反馈系统

（一）国内外关于自动反馈的研究

1. 国外关于自动反馈的研究

国外关于自动反馈的相关探索起源较早，且研究内容丰富。Project Essay

Grader 是美国第一套写作自动反馈系统，于 1966 年应美国大学委员会的请求而研发，此后自动反馈系统获得不断地推行与应用，关于自动反馈系统与写作教学相结合的研究也得到充分的发展。有学者认为，英语写作在学术发展史上占据着极其重要的地位，但是对于写作水平的提高需要教师和学生耗费大量的时间和精力。

IEA（Intelligent Essay Assessor）、E-rater（Electronic Essay Rater）及 PEG（Project Essay Grader）是现如今国外最具备代表性的在线评阅系统。国外学者关于自动反馈与写作教学相结合的研究结果趋向相同：自动反馈系统是值得信赖、真实的，帮助教师和学生解决了重要问题。对于教师而言，能减轻教师的教学负担，提高批改效率，教师们将自动反馈系统应用到写作教学中，来弥补传统教师反馈带来的教学弊端。对于学生而言，能帮助提高学生的写作兴趣和自信心，促进学生写作水平的提高。但自动反馈系统在进行批改的过程中，给出的反馈内容主要集中于写作的语法和词汇方面，缺乏对作文整体性的评判，过于机械化和程序化，不能像人一样去“欣赏”一篇文章。

写作自动反馈系统的主要功能在于：自动反馈系统能在同一时间对学生大量的写作文本进行批阅。除此之外，帮助学习者自主写作、评阅、修改也是写作自动反馈系统的服务内容与功能。

随着研究的不断深入，自动反馈的一些弊端也不断被揭露，自动反馈虽然可以提高作文批改的效率，学生可以及时获得反馈信息，及时修改，但是对于写作的篇章结构方面的修改建议过于模糊，并没有详细指出学生写作连贯性方面的错误，尤其对于写作水平较低的学生而言，通常他们对部分反馈信息不能灵活运用，往往影响写作成绩的提高。

2. 国内关于自动反馈的研究

（1）自动反馈的研究对象层面

从开展研究所涉及的教学层面来看，自动反馈系统主要应用于高等教育阶段，大学生是国内学者的主要研究对象，对基础教育阶段的研究不够深入，使得这一板块有所缺失。

自动反馈系统主要应用于大学的四级、六级方面，对大学英语写作调查的相关研究明显不足。目前，大学英语写作教学的常用教学模式为：教师对作文进行一定的讲解与介绍，学生通过教师的讲解，进行写作，并统一上交，教师对学生的作文进行批改，整理学生的错误类型，当再次上课时，对典型问题进行讲解，由此造成了学生在收到教师反馈的作文后往往过于关注写作的分数，这种重结果的写作教学模式的弊端在于评价主体的单一化及修改环节的缺失。现如今，大学生在英语写作方面还存在着许多问题，如缺乏写作主动性和写作兴趣不足、写作内容不够标准、谋篇组织的本领较弱等现状。

与高中生相比，大学生更具有自我反馈、自主学习的能力，但是自动反馈系统不可避免带来一些问题，机器终究不能代替人力，评判时过于注重学生的语法、词汇的使用，忽视学生中式英语、内容、逻辑结构等错误，如何解决这一问题，需要进行多元反馈，才能避免这一现象。

（2）自动反馈的研究内容层面

当前国内对于自动评价系统在英语写作教学中的作用研究逐步增多。我国有关自动评价系统的相关研究主要集中在如下两个方面。

①写作能力发展方面的研究

随着研究的不断深入，越来越多的学者注重自动反馈系统对学生写作能力的影响。有学者将在线批改软件用于英语写作教学中，对传统写作教学方式进行改革，认为学生的作文初稿在经过在线批改系统的多次修改之后，学生的写作能力得到提高。通过定性与定量相结合的研究方法，将自动反馈系统应用于写作教学中，可以明显提高不同层次学生写作的水平。

②写作心理方面的研究

大部分学生对英语写作存在恐惧，对英语写作成绩的提高信心不足，同时大部分英语教师缺乏对学生写作的训练，使学生不能引起对英语写作的重视，但在使用自动反馈系统之后，这些问题得到有效解决。传统英语写作教学对学生自我效能感的影响较差，自动反馈系统可以帮助学生提高写作的自主性和自信心。除对学生的写作心理有积极的影响之外，自动反馈系统还可以帮助学生纠正词汇和语法方面的错误。在教育信息化的背景下，自动反馈系统逐渐符合当今的教学趋势，得到广泛的应用。

（二）自动反馈系统的优化策略

1. 评出优秀作文

结合相关数据，开发者可以通过和英语教师和学生进行交流，把教师和学生认为好的作文增加到系统中，让系统智能化评优与人工评优尽量一致，以供学生参考学习。

2. 开发互动功能

这个功能可以直接联系高级英语老师或国外英语老师在线解答相关问题，基于大数据了解英语对某个问题的正确表达方式，不再是传统意义上的中式英语，也可以让学生与老师或同学进行在线交流。

3. 增加写作趣味性

开发者在开发软件时，结合大数据可以将一些句型变成一幅美丽的图画，或开发卡通机器人来和写作者进行对话、交流，有了进步，系统会给出一个大大的赞，表扬写作者在哪一方面有了进步，针对多次犯同样错误，也会给出友好的警示。

自动反馈系统给英语的写作与教学带来了新途径，对作文的细节错误，可以交给系统进行反馈，而教师应该把精力放在学生作文的篇章结构及内容上，这种人机的有效结合既可以减轻教师的教学负担，又可以提高学生的作文质量，提高英语教学的效率。利用自动反馈系统进行教学是现代化教育教学的趋势。英语教师一定要深入研究它、合理地使用它，为学生的英语写作、学习服务。

（三）自动反馈系统的意义

大学生英语写作教学自动反馈系统的本质是反馈资源进行整合，为学生构建系统化、专业化、时效化的英语写作反馈体系及教学平台，进而为大学英语写作教学提供准确多元、便捷高效的教学指导，促进学生自主写作能力、捕获信息能力、英语核心素养的提高。需要注意的是反馈形式是针对整个英语写作教学设计衍生的，也是英语写作教学的重要环节，对提升大学生自主英语写作能力、自主英语探究能力有积极作用，而且，其可以对大学生自主英语写作提供适宜性、可选择性的训练平台，并获得指导化、个性化的反馈评价及教学建议，实现大学生英语写作能力的针对性教学。尤其在应用计算机反馈系统时，可以在系统设定学生的英语水平、写作训练需求等，系统根据设定信息为学生推荐相匹配的英语写作训练内容及其所关联的英语知识领域，有利于学生英语写作能力的集中性强化提升。

1. 激励学生自主学习写作知识

自动反馈系统是借助计算机网络平台开展的反馈交流方式，为大学英语写作教学提供了更加多元化、先进化的交流机会，对大学生的英语写作能力提升有着极为重要的推进作用。为大学生提供以计算机技术为载体的英语写作讨论机会，让大学生得以从更多渠道阅读到同教学层次同伴的英语作文，并获得更多同伴的评价信息，这样不仅拓展学生的英文写作眼界，激励着学生更加积极自主的学习英语写作知识，还能从更多层次拓展学生的英语写作思维，给予其足够充分且多元的思维发散空间。而且自动反馈系统可以显著缓解学生的焦虑情绪、心理压力等，有利于学生英语作文修改思路的持续性、发散性，为学生的英语写作学习提供更加充足的动力及自主情绪。

2. 有益于构建写作知识体系

随着大学生英语写作教学对自动反馈系统的肯定及需求，诸多学者及研究人员开始关注、研发基于计算机技术的自动反馈系统，借此为学生的英语作文提供更实时高效的反馈服务。现阶段的自动反馈系统已经非常成熟且稳定，其评价结果与人工评价结果几乎一致，在大学生英语学习及大学英语教学中都得到了普遍应用，这样不仅提升了英语写作教学的反馈效率及准确性，还进一步拓宽了英语写作反馈来源，对大学生的自主英语写作学习的开展提供了更加便捷、可靠的指引方式，极大地推动着大学生英语写作自主意识、独立分析意识的提升，促使大学生准确有效地巩固、学习其英语写作知识的薄弱领域，有益于大学英语写作知识体系的针对性、高效性构建。

3. 构建计算机英语写作数据库

计算机英语写作数据库的构建是大学生英语写作教学对自动反馈系统准确性的基础，大学生不仅可以通过反馈软件获取英语写作反馈评价，还可以通过检索工具可直接访问英语写作数据库信息，提升英语写作数据库的利用率。例如，大学生可以通过检索工具进入英语写作训练版块，根据其学习需求进行针对性、集中性的写作提升，还可以借助检索工具搜集到其所需要的写作素材、语法技巧、思路提示等，为大学生的英语写作学习提供专业性的知识支撑。但是，计算机英语写作数据库对学生英语写作中的情感因素的识别认知存在一定的缺陷，在大学生使用过程中应对该特点提起足够的注意，在计算机反馈评价结果的基础上，要认真剖析文章的情感层次，提升英语作文的情感饱满性、适宜性。

三、“同伴 + 计算机”教学反馈形式

（一）“同伴 + 计算机”教学反馈形式的课程设置

大学生的英语写作技能及语言组织水平可以直接反映其英语驾驭能力，是评价学生英语实践能力的教学指标。虽然现阶段的大学英语教学对学生英语写作能力愈发注重，且明确提出大学英语写作的教学目标及任务，力求保障学生在后续的工作岗位、自身发展、社会交往中得以正确、灵活地应用书面英语。但是，目前独立设置英语写作课程的高校并不多，英语写作教学还是以英语教学组成部分的形式存在于大部分的高校课程中，进而极易缺乏系统性、细化性的英语写作教

学课程，不利于大学生英语写作技能的高质量培养及其英语写作思维的有效性拓展。因此，英语教师要给予英语写作教学足够的重视，认真分析英语写作教学要求及教学任务，在此基础上根据教学进度适时地设置独立的英语写作课程，构建学生的英语写作认知主体及思维主体，激发并提升大学生的英语写作学习热情。英语教师要恰当地将多元化的反馈评价机制引入写作教学中，借助反馈评价对学生的英语写作提供更加高效、互动的反馈教学指导，有益于学生英语写作认知思维的构建。值得注意的是，同伴反馈评价需要英语教师准确设计反馈小组及评价标准，并在学生审阅作文的过程中注重学生审阅思路、审阅方式的正确性、有效性开展，借此保障同伴反馈评价的有序、有效开展；计算机反馈评价需要英语教师对学生写作中的情感因素进行仔细梳理，弥补计算机反馈评价方式对情感因素认知不足的缺陷，进而保障学生英文写作教学反馈的实时高效开展。

（二）“同伴 + 计算机”教学反馈形式的教学任务设计

在大学英语四、六级考试的长期影响下，大学英语教育具有明显的教学目的性，导致英语写作课程教学任务的设计模式化、任务化，不利于大学生英语写作思维情感的发散及英语语法技巧的灵活应用。而且，大学英语写作教学缺乏明确性的教学体系，通常会为了应对考试、减轻教学负担，而设置限时间、限词数的英语短作文教学，不利于大学生英语写作思维情感的发散及英语语法技巧的灵活应用。大学英语写作教学课程的设计要从学生英语写作兴趣、写作思维等层面入手，为学生构建生活化、熟悉化的英语写作主题及内容，促使学生有足够多的写作思路，构建丰满的作文框架，进而推动学生自主积极地组织尽可能多的语言来表达自己的思维情感，实现学生英语写作语言的认知及英语写作思维的构建。

（三）“同伴 + 计算机”教学反馈形式的角色定位

1. 教师角色定位

英语教师在大学英语写作反馈评价模式中占据反馈主体、反馈主导的位置。英语教师应该正确且深入地认知同伴反馈评价方式及计算机反馈评价方式对写作反馈的创新型影响，即计算机反馈评价方式及同伴反馈评价方式在英语写作教学中的灵活应用，促使传统教师反馈的单一型评价方式逐步发展为多载体的多元化评价方式。因此，英语教师应结合写作教学实践情况，科学恰当地运用多元化的反馈评价方式，同时要发挥反馈主体、反馈主导的本职作用，积极整合教学技术、教学知识、教学思路等，引导英语写作反馈评价准确有序地开展，进而为学生构建有序高效、便捷自主的英语写作教学课程。英语教师应对反馈资源足够的熟悉，进而才能在反馈教学中掌握学生的认知情况及教学状态，才能恰当性、针对性地为学生提供语法技巧的帮助及写作思维的引导。此外，在计算机反馈评价教学中，英语教师通过计算机反馈系统的记忆功能、作文解析等功能对学生的自主写作、反馈评价、写作修改等情况进行了解，以便能够准确掌握学生的英语写作学习进度及写作水平，借此不仅对学生的英语写作教学做出更加准确、实时的教学评价，还能设计安排更加符合学生需求的英语写作教学课程，推动着学生更加积极地参与到英语写作学习中，实现学生自主开展英语写作训练的良性循环，进而发挥教学双向互动的最佳教学价值。

2. 学生角色定位

学生是英语写作知识的构建主体，在大学英语写作反馈评价模式中占据反馈客体、反馈主体的位置。英语写作教学不仅是单纯的英语知识传递、接受过程，还是引导学生将其接收到的英语信息进行分析、重构，进而帮助学生完成英语写作知识体系、英语写作思路的构建。因此，学生应正确认知反馈评价模式，积极接受并认真分析反馈内容，根据自己的理解对反馈评价及其修改意见进行检验、批判，在此基础上，再根据自己分析整合的知识内容对英语作文进行修改、润色，更好、更出色地完成英语写作训练。在该过程中，学生应该意识到其在写作反馈评价教学中的主体地位，不仅要对反馈评价持认可、接受思维，借助其积极构建自身的英语写作知识体系，还要突破反馈接受者的身份掣肘，敢于对写作反馈持辩证、质疑思维，借此检验其自身英语知识牢固程度及英语知识运用能力，进而推动着学生英语语言能力的针对性、高效性提升。

大学英语写作教学中同伴反馈、计算机反馈的双反馈教学方式，推动着大学英语写作教学的反馈方式朝向高效化、个性化发展，促使大学生英语应用能力、英语自主学习能力、英语核心素养的稳步提升。同伴反馈、计算机反馈教学方式在英语写作教学中各自具有独特的应用优势，对学生英语写作技能的提升侧重方面也不尽相同，而且，二者也可以相互配合、协同教学，因此，英语教师要灵活高效地在写作教学中应用反馈机制，提升大学生的写作认知层面、发散大学生的写作思维领域，激发大学生积极参与英语写作教学活动的自主情绪，最大限度地实现大学生英语写作能力的切实提升。

（四）“同伴＋计算机”教学反馈形式的意义

1. 突出学为主体，强化课前准备

“学为主体、教为主导”是教学过程中应当秉持的理念，这一点在“同伴＋

计算机”教学反馈形式中体现得尤为明显。以学生为中心的“同伴 + 计算机”教学反馈形式不能也不应该成为教师的个人“直播秀”，而应当是充分发挥学生主观能动性，调动学生学习兴趣和学习积极性的良性互动式教学平台。这就要求无论是教师还是学生都需要充分做好课前准备。教师层面，课前需要认真开展学情分析，针对教学对象的性格特点、个体差异与知识结构等精心打造教学设计，通过教学内容的优化组织、教学策略的优化设计，力争给学生呈现一堂易于接受、喜闻乐见的优质课。需要注重课堂反馈问题与内容的提前设计，以启发式的课前预习、差异化的课堂提问、多样化的随堂小测及趣味化的课堂互动等形式提升课堂反馈的效果。在充分尊重学生个人隐私的前提下，鼓励学生结合个人日常生活进行实例分享，将知识原理与生活日常结合起来，激励学生在生活中感悟知识，利用知识原理指导生活。学生层面，需要针对教师提前安排的课前预习内容进行有效预习，分析自己的优势与短板，找准疑难点和兴趣点，增强课堂学习和课堂反馈的有效性。

2. 突出双向激励，强化课堂交互

“教学相长、良性互动”是“同伴 + 计算机”教学反馈形式追求的目标。“同伴 + 计算机”教学反馈形式的优势是可以实现教学过程的动态反馈、实时交互。充分发挥好课堂反馈的双向激励作用，将大大提高课堂教学的有效性。因此，在课堂教学中需要在适当的时机灵活运用教学互动。在教师层面，可以采用问答式交流，了解学生对基本知识点的理解和掌握情况；可以通过趣味游戏互动的形式，加深学生对重要知识点和抽象概念的理解；可以借助课堂点评的形式对学生的学习情况进行纠错和鼓励，适时引导和纠正学生的学习策略；可以灵活运用启发、引导、提示的方式激发学生自主探索知识奥秘的热情，达到“授人以渔”的目的。在学生层面，可以通过疑难标记实时反馈个人对学习内容的理解情况，给教师调整教学节奏提供依据；可以积极投入课堂参与互动来共同营造学习氛围，达到学生学习的目的等。总之，突出双向激励，强化有效课堂交互，是实现教学相长的重要途径。

3. 突出人文关怀，强化课堂思政

“春风化雨、立德树人”是课堂教学的高级境界。一堂好课，必定是一个教师与学生间心与心相互碰撞的过程。如何达到这一境界呢？首先要突出人文关怀，教师与学生之间做到相互尊重。作为教师，要尊重每一名学生平等参与课堂、接受教育的权利，对学生的心理健康、真实感受和现实需求给予应有的人文关怀。切实做好学生课前学习困难的摸排，认真做好学情分析，针对有特殊情况的学生，在力所能及的范围内给予关心和帮助。作为学生，要对教师的辛勤付出给予充分的尊重，积极参与、响应教学活动。这里所说的积极参与教学活动，不仅仅指课堂上的附和，更多的是指全身心投入课堂，深度参与课堂。其次是强化课堂思政，注重对学生的情感培养和价值观塑造。教师本人的言行举止、敬业精神本身就是一面镜子，要处处给学生树立严谨求真、务实拼搏的好榜样。教师在课堂延伸、拓展的内容，联系实际的案例都在无形中给学生传播着理想信念和价值追求，务必精益求精。教师对学生的纠错与激励，亦是对学生人生观、世界观、价值观的不断雕塑，通过"教书"过程达到"育人"目的。

4. 突出时空延伸，强化课后反馈

"线上为主、线下辅助"是当前线上教学惯用的方式。对于"同伴 + 计算机"教学反馈形式而言，课堂效果的有效落实仅靠课堂反馈是不够的。受限于时空约束，利用计算机反馈开展教学面临许多挑战。软硬件环境和通信资源的保障往往会在不经意之间打乱教学的节奏，传统课堂的小组讨论和自由探讨也平添了许多麻烦，随堂测验的题目很难针对性地展开分析点评等。如此一来，课堂上无法充分展开的反馈交流需要借助于课后来实现。事实上，课后反馈是课堂反馈的有力助手，将动态反馈与实时交互的过程转化为课后的离线反馈和非实时交互，例如，教师对学生的课堂学习过程进行评估，对课后作业进行批阅，对学生的留言进行回复等。教师和学生之间还可以通过建立微信群或者借助雨课堂等辅助学习方式，在课后进行进一步的交流研讨，通过课后反馈的强化，进一步提升课堂反馈的有效性。除此之外，教师个人在认真搜集反馈意见、建议的基础上做好课堂教学的反思总结，也是强化课后反馈的一种有效方式。这是将各种反馈信息综合起来，内化为教学内容调整、教学模式优化、教学策略改进的有效途径，也是当前课堂教学创新的重要内容，部分高校甚至将其纳入课堂教学设计的基本环节。可见，强化课后反馈对于教学的改进具有十分重要的意义。

四、大数据对英语写作教学反馈的影响

智能终端设备的出现无疑为大数据的利用拓展了广阔的空间，教师和学生可以随时随地利用这些终端设备搜寻到自己需要的资源。然而，它也是一把双刃剑，随时在分散着学生的注意力。因此，在英语写作教学过程中，大数据利用得正确能促进教学的发展，反之，就会成为教学的桎梏。大数据对英语写作教学反馈的影响主要表现在以下几个方面。

（一）写作教学反馈方式的变化

传统的教学方式使得教师的课堂讲解成为学生增长知识的主要来源和途径。写作教学反馈也主要局限于课堂问答、课堂测试、中期或期末考试后学生的反馈。反馈的不全面、不及时、不准确及单一性现象严重。大数据时代的到来使得在线学习、在线获取知识成为学生学习知识的重要来源。这种学习方式的改变使得学生可以随时随地地学习，因而能自由地选择时间和地点学习，而非仅专注于课堂教学。课堂上的教学反馈信息也无法仅从学生的专注性来评判教师教学的成功与失败。为此，教师必须在课堂上讲解一些能使学生感兴趣、感到困惑且从网络资源很难或无法获取的知识进行精讲，以便于抓住学生的注意力，而其他的知识略讲或一带而过，以便于能给予学生通过网络大数据自行获取的空间，使讲解的知识达到点面结合，自成体系的效果。学生也可以及时地通过在线反馈平台将问题反馈给教师，以便于教师改进，促进教学。只有将在线知识和大学课堂教学相互有机的结合，才能使教学反馈变得可行且有意义，也才能不断优化教学的反馈方式、改进教学。

（二）写作教学反馈形式的变化

大数据改变了传统的师生面对面的教学反馈形式，促成了网络教学平台的发展，使在线学习变成了学生获取知识的重要来源之一。这为学生之间、师生之间的交流创造了良好的条件，为学生对教学的及时准确的反馈成为可能。学生既可以借助这一平台发表意见，交流思想，探讨和分析问题，也可以和教师进行互动，将学习情况及时反馈给教师，无须面对面地进行交流互动；教师在答疑解惑中了解自己在教学中出现的问题，进一步促进后续的教学进步。教师之间也可以通过网络教学平台反馈教学情况，在不断地交流中分析、探讨教学中出现的问题及合理的解决方案，使以后的教学方式和方法更加合理科学，更加优越。

（三）写作教学反馈途径的变化

传统的教学反馈途径是学生将自己的听课情况传递给教师，然后再通过教师答疑解惑的方式回传给学生，教师也根据学生对知识的理解情况及时调整自己的教学方式，促进教学发展。大数据的出现使得这一途径发生了根本的变化，学生可以借助于网络教学平台自行将问题反馈给平台，并从平台中得出答案，无须反馈给教师，因为学生在在线学习的过程中，系统已经将其学习行为进行了跟踪记录，系统后台通过大数据分析手段不断地从更新的数据中评估和分析出其学习的行为习惯、易犯的错误等，创建心理测量曲线图，进而根据每个学生自身的特点不断调整学习内容。教师则根据网络教学平台中反馈的问题进行归纳汇总，制定自己新的教学方案。事实上，由于在线学习往往是对某一方面的知识进行的学习，很难系统化。这样，教师在课堂上就会更关注学生的个性化发展，并担负起对知识进行引领、复习、解惑、梳理、讨论等任务，以使学生学习的进度和知识接受能力能够保持一致。

网络和大数据的发展改变了大学的教学方式和教学反馈方式。大数据为大学建立网络教学平台、发展新的教学和教学反馈途径成为可能并提供了基础。大数据不仅为教学和教学反馈的发展带来了机遇，让每个学生都能获得自己想要的知识，让教师获得的教学反馈更加客观、公正、有效，以便于提高教学质量，促进教学发展，同时也面临着教学和教学反馈方式转换带来的挑战，既考验着学生，同时也考验着教师，促使教学不断地朝着正确的方向前进。

第四节　大数据时代英语写作教学反馈的作用与意义

一、改善课堂反馈的认识误区

所谓课堂反馈，是指检测课堂教学有效性的程序。通过课堂反馈，教师可以观察学生的学习表现，及时调整和优化教学内容，学生也可以根据教师的纠错、鼓励和提示来自觉调整学习行为，最终提升课堂教学效果，实现教和学的良性互动发展。当前，在一些开展同步线上教学的教师群体中，对课堂反馈还存在一定的认识误区，在课堂反馈的实际操作中还存在一些现实偏差。对课堂反馈的认识误区主要表现在以下三个方面。

（一）主体认识的误区

有的教师认为课堂反馈是指在教学过程中，学生对教师教学活动的各种响应的总和，包括课堂注意力、回答问题、参加随堂小测等。有的教师认为课堂反馈是学生对教师教学过程的评价及教师对学生学习效果的评价。事实上这两种认识都是不全面的。前者将教学反馈理解为由学生到教师的一种单向反馈，忽略了教师在教学活动中对学生的提醒、督促、批评、鼓励、刺激等。后者只强调了课堂反馈的评价目的性，忽略了反馈的动态激励过程，自然难以发挥出“教学相长”

的双向激励作用。

（二）功能认识的误区

在功能认识误区方面主要有两种较具代表性的观点，其一是将课堂反馈理解为课堂教学本身，认为教学过程中的每一个环节都是课堂反馈的体现；其二是将课堂反馈的功能理解为一种反馈输出的信息，例如，教师的纠错、鼓励、提示，以及学生的专注、附和、答问等。前者将课堂反馈进行了泛化，将课堂反馈等同于课堂教学本身，是理解上的偏差。作为提高教学效果的催化剂，教学反馈通过教师与学生之间双向动态信息的反馈，达到教与学的双向激励与相互促进。教学反馈是课堂教学的重要组成部分，但并不等同于课堂教学本身。将课堂反馈等同于课堂教学，是对课堂反馈的一种局限性理解，将课堂反馈具象为反馈信息本身，则忽略了课堂反馈的动态特点和功能属性。

（三）时空认识的误区

部分教师习惯于通过作文批阅及课后与学生的交流来掌握学生的学习情况，以此作为教学策略调整的重要依据，并将其视为核心课堂反馈。事实上，通过课后教学反馈与教学反思来优化调整教学策略是有效性教学的重要组成部分，与课内教学的课堂反馈相辅相成，但并不等同于课堂反馈本身。即便如此，通过作业批阅、召开教学研究会、开展教学评价、教学反思等课外教学反馈活动，有助于加强教师对学生学习意图、学习兴趣、学习能力、学习进度等的把握，进一步促进课堂反馈的有效性。

二、促进学生英语写作综合能力

（一）师生双向促进教与学

在教学过程中，教师与学生都是受益者，可以从彼此身上获得相应的信息。例如，学生可以从教师身上学到更多的知识，提升自身能力，教师也可以以学生的学习状况等反馈信息来充分认识教学的问题，从而推动教学研究，促进教学实践，提高教学水平。随着新教改的推进，“教学相长”理念已经具有了越来越重要的地位。

反馈信息的主体就是学生在写作过程中存在的不良习惯和错误，在此基础上，教师可以对学生的写作内容进行评价，能够真正把握学生的英语学习状态。通过提供反馈途径，学生可以把自己的真实学习情况向教师反映，双方进行交流和沟通，教师可以充分了解学生的英语学习与写作过程中的问题，能够提出有效的教学方法，提高学生英语学习的效率。反馈是一个双方进行平等交流的过程，进行高效反馈就是教学相长，既可以有效提升学生的写作素养，也可以推动教学质量的提高。

（二）培养良好的学习习惯

大学是英语学习的关键时期，主要针对基础知识的日常运用，包括基本单词、语法、句子的学习与理解，有效提高大学英语学习水平可以为今后更高层次英语的学习及今后就业打下坚实的基础。在学习英语时，重视学生良好英语学习习惯的培养具有深刻意义。写作能够很好地体现英语学习水平，英语教学可以通过写作训练发现学生在英语方面的不足之处及不良习惯。

写作对学生英语综合水平要求较高，通过训练能使学生的英语写作得到提升，进而培养学生正确的英语学习习惯。有效反馈可以让教师充分认识到学生在学习习惯上的问题，有针对性地做出指导，也可以通过反馈树立更明确的英语学习目标，使英语学习有松有弛，有的放矢，培养良好的英语学习习惯。

（三）提高英语文化认知

语言学习代表文化的学习，文化学习又建立在文化认知的基础之上。教师进行有效反馈教学模式，本质是通过反馈不断得到学生的学习信息，调整教学方案，实行相应的教学改革。以此来改变学生学习英语的状态，提高一定的文化认知，促进学生英语学习的兴趣提高。

掌握写作反馈后，教师可以抓住学生的英语文化认知水平。通过相应的措施，来提高学生对于英语文化的学习程度，实现学生英语学习的有效性，这也是提高写作水平的重要途径之一。通过反馈，学生能够认识到自己在英语文化上的缺陷，更好地改正自己的学习方式，不断了解英语文化，有效达到英语文化与英语学习的结合，最大程度上了解英语文化背景，提高英语综合水平。

三、提高写作教学反馈的有效性

（一）建立“社会—情感—认知”型教学反馈

在大学课堂上，学生作为教学反馈的主体，通过“社会—情感—认知”的教学反馈来提升教学质量。

1. 社会性

社会性在通常意义上讲主要是指一种合作交往的能力。在教育体系中，学生"社会—情感—认知"型反馈中蕴含的社会性是指一种反馈活动，作为社会实践活动的一种，体现的是课堂教学中学生与教师的交往过程，通过学生对自我思想的表达和倾诉。这种社会性有时被认为是一种沟通素养，是同理心和深度理解的有效表达，有时也被认为是"教学交往素养"，理解、探究学习者内心的一种活动。因此，不管是哪种理解，都是学生在教学过程中进行参与和合作探讨的反馈行为，尊重和包容他人的反馈态度。

2. 情感性

情感性通常意义上是一种正面的表述，积极、乐观和自信的情感。而对于这一词汇的追踪溯源，可以追溯到美国学者的"情商"一词的提出。有学者第一次以"情感智力化"一词正式阐述了情商的五个维度，即认识情绪、管理情绪、自我激励、体谅他人情绪及处理人际关系。我们把这种观点引入"社会—情感—认知"型教学反馈中就会发现，情感性是大学课堂反馈正能量信息的传递，包括反馈行为的友好性和激励性、反馈信息的乐观性和自信性及反馈能力的调节性和稳定性。

3. 认知性

认知性是指在反馈过程中所具有的知识和技能。不同的学派对认知性的认识有所区别。认知能力是一种通过思想和经验获得知识，并对知识进行解释、反思及推断的能力。因此，在"认知、社会与情感能力框架"中，这种认知能力是可以进行定量化研究的，将学生的知识和认知进行测试确定其具体结果。通过认知心理学家对认知分类的研究，把认知分为了基于事实的冷认知和基于个人情绪和态度的热认知。对于冷认知来说，属于一种因果关系，而热认知则因个人的情绪和态度受到事实的影响，因此，具有调节的功效。与此同时，认知和动机的辩证统一关系，在"社会—情感—认知"型反馈中表现出反馈行为的获取知识、解释知识、推断知识，以及反馈能力的学习兴趣与学习动机的激发、积极情绪的调动等。

（二）带有目的性的积极反馈

反馈是双向的，教师从学生的反馈中发现学生的问题，教师给学生的反馈信息带有一定目的性，经常地积极反馈可以提高学生的写作信心。首先，教师应该寻找学生在英语写作中的优点。作文中的高级词汇、复杂句式等都可以成为优点。另外，教师要明确指出学生在写作过程中的缺点和问题，并且提出针对性的改正方法。教师除了根据英语教学的方法和态度对学生进行教导，大学生具有一定的自我学习能力，教师还可给予学生自学方面的指导，提高学生的自主学习能力。

（三）课堂练习中进行直接反馈

大学英语内容逐渐变多，简单的知识点组成更加完整的知识体系，无疑对学生综合能力的要求越来越高，大学生的自学能力还没有成熟。此时，教师最实用的教学方式就是直接教学，以及直截了当的反馈方式。直接反馈是教师通过对学生作文的评价直接指出存在的问题，指导学生用正确的方式进行修改和完善，学生可以发现自己的错误，直接通过正确方式进行改正。直接反馈使学生直接发现自己的问题，不用通过自主摸索而浪费时间，而是教师直接指导，指出问题和改正方法，使学生及时对问题进行修改，并且逐步调整写作的思路，高效提高写作水平。

例如，以“We are trying to save the earth”为题，让学生进行写作，创作之后将作文交给教师，教师进行评价，以此题目为写作内容，学生可能会出现词汇量不够，“环保”是“environmental protection”，“塑料瓶”是“plastic bottle”，“二氧化碳”是“carbon dioxide”等。教师可以在每一次写作之前将关键词给学生列举出来，使写作变得更加轻松，这样可以降低写作难度，提高学生写作的积极性。例如，“Events in the year you were born？”类似的作文选题，学生的作文中可能会出现时态使用不恰当的问题，以此类型进行多次训练写作，提高语法运用能力。

（四）写作批改后要及时反馈

大学课程繁忙，英语课程间隔时间过长，会导致学生在下一节课上课时，对上节课的内容产生或多或少的遗忘，这就要求在写作进行反馈时，要强调及时性。教师要及时对学生的写作进行评价，及时发现学生存在的问题，将学生在写作过程中存在的错误和优点及时反馈给学生，方便学生及时改正。

学生写完作文之后，及时反馈，能够立即对自己的错误和问题进行纠正和改善，避免对写作内容的遗忘。在写作训练过程中，教师对同一个主体进行反复训练，多次训练对于提高学生的大脑记忆是十分有帮助的。能够让学生习惯于写作状态，可以提高学生的综合写作水平，提升综合素养。

例如，以“How was your last weekend？”为作文题，教师在星期一当天就要对学生进行该作文的布置任务。这段时间学生仍然对周末的活动具有深刻记忆，是极佳的写作时间，星期一的晚上或者是星期二的早上，教师就应该完成学生作文的评价工作，能够快速让学生看到教师的作文评语，以此来加深作文问题的印象。并且通过正确的方法及时进行纠正，有利于养成良好的英语学习习惯。

反馈应该是快速且有效的，以特定主题作为写作内容，应该以极快的速度完成评价工作，交还到学生手里，避免出现学生对写作内容遗忘后，还要重新进入写作状态而浪费时间，从而降低写作反馈的效率与质量。

（五）提升课堂教学反馈力

大型课堂教学反馈力是从教师的角度进行研究和阐述的，即教师的反馈能力，学生对教学内容吸纳和接受的成功性。在大学课堂中，教师提供的反馈不仅对学生注意力进行吸引，还要对其学习动机进行激发，正激励功能的发挥，提高学生学习的积极性，包括观察力、表现力、社会情感力和评价力四个方面。

1. 观察力

在这里，观察力是指教师在课堂中所体现出来的观察能力。美国学者对这一能力进行了详细的阐述，并指出教师在课堂教学中的观察力包括学习的环境、课堂的管理、清晰的教学过程、多样化的教学，明确的教学目标及学生参与的主动性，高效的思维方式等方面。因此，在教学过程中，教学反馈有效性的实现必须让教师更加细致关注，恰到好处地布置课堂设施、课堂氛围等学习环境；对学生学习状态的积极关注；对于反馈信息的清晰度及学生对此的理解进行关注，对学生参与度的关注，复习检测反馈信息，以及对学生带来的效果。如此这种，教学反馈作为师生交往的过程，对学生高效思维能力的培养至关重要。变单向为双向，加强与学生的互动，激发他们学习的积极性和主动性，更多地关注可以提升教学质量。

2. 表现力

表现力一般意义上是指教师在教学过程中，因内外教学情境和环境的变化而对学生进行的因势利导的影响。因此，表现力有时是可以和表现性素养相互通用的。在此意义上，教师的表现力就是通过其表现性素养展示出来，如教师的衣着、言行、举止、才艺及特长等，都会对学生产生影响。尤其是在课堂中展现出来的教学机制和教育智慧更能以一种积极向上的正能量对学生产生影响，积极性的调动和发挥，对于师生关系的建立及和谐状态有重要意义。因此，教学风格及教学能力是表现力的重要组成部分，言行举止、举手投足之间显性和隐性的影响对学生潜移默化。换句话说，教师要对自己的行为负责，正能量的行为对学生兴趣和积极性的激发有重要作用。

3. 社会情感力

对于社会情感力，有学者认为是一种重要的驱动力，是一些有相似的情感、思想和行为模式的人，经历一些正式或者非正式的训练而形成的。并把它分为五个维度，外向、随和、尽责、稳定情绪及开放经验。外向是指要把教学者的自信展现出来，在教学中充分投入，拥有教学热情，关注学生的情感反馈。随和是指教师和学生之间的融洽关系，大学课堂反馈信息是协作，在此基础上要对学生给予充分的信任和尊重。尽责是指教师的职责，不仅要对自身的言行负责任，还要给予学生正能量，激励他们去学习，激发学习的热情。稳定情绪也是对教师的要求，要求他们控制自我情绪，乐观向上的态度和精神面貌呈现给学生。开放经验要求教师对学生的创造力给予相当的重视，尤其是培养其创造力，并且灵活不拘泥于书本上的东西。与此同时，审美观的评审也要灵活，不能死板。

四、打造在线反馈新模式

大数据技术的应用为英语写作教学带来了可喜的变化。海量的资源为写作教学带来巨大便利。这些资源充分活跃并拓展了学生的写前思维。教师也可通过对资源的挑选和整合，有效激发学生的学习兴趣。大数据技术有效地帮助教师更深入细致地了解学习者。教师可以通过分析每个学生的学习数据，有针对地调整教学方案、教学进度、教学内容和教学方式。大数据技术使在线反馈得以实现，或者将教师反馈、同伴反馈和在线反馈相结合，使写作教学可采纳更加多元化的反馈方式。

在线反馈是基于大数据建立的写作自动评价系统，从拼写、词汇、语法、内容、结构等多角度对作文进行评价并提出修改建议。麦克劳希尔公司开发的writing road map由系统总结人工评阅过的不同水平的作文所具有的语言特征，再将待评作文的语言特征与其总结的特征相比对，以此实现多维度自动评估。美国Noodletools公司开发的网络写作辅助系统可以提供记笔记、制作大纲、生成参考文献目录及与同伴合作写作等功能。国内的“句酷作文批改网”，老师在线布置作文，学生提交作文后，系统立即给出分数，并且从词汇、语法、篇章和内容等多方面进行评价，提出详细的修改建议。

（一）实现针对性写作教学

教师可根据学生个体差异为他们“量身定做”，即根据学生能力为他们布置不同的作文，提出不同的要求，实现针对性教学，让每一个学生都能在自己的基础上提高写作能力，而不是“一刀切”。教师可根据系统反馈的信息，比较容易地了解学生的常见错误。有些普遍的错误可以课堂上集中讲解，提高了课堂教学的效率。有些个别问题可对学生进行单独指导和帮助，真正做到了因材施教。在线反馈还可及时为每个学生的作文分别提出修改建议，类似于教师一对一的指导，并且能够给予学生针对他本人的学习方法建议。

（二）提供个性化指导和建议

在线评估系统可以捕捉学生写作过程的细节。例如，常犯的拼写错误、某类词语的使用频率等。因此，学生的作文就成为分析学生二语水平的重要数据。系统根据所捕获的信息，可自动生成学生的写作习惯及写作学习进步的评估报告，为学生提高自己的写作水平提供了宝贵且针对性极强的建议。随着科技的发展，智能作文评估系统也将不断升级，它将不仅能够指出一篇作文中的语言错误和问题，还能够分析学生目前的语言水平和教学目标之间的距离，从而进一步给出学生应学习的具体内容和应采取的学习措施。个性化的指导激发了学习兴趣。在过程写作法的反馈方式中增加自动评分系统的机器反馈，同时鼓励学生利用好网络这一海量信息库，可以明显激发学生的写作兴趣、丰富写作内容和提高语言质量。

（三）减少焦虑感和挫败感

在线反馈减少了学生的焦虑感和挫败感，保护了写作热情。近几年，国内外的研究者从师生互动、生生互动及写作软件开发等方面探讨了在线反馈对提高写作水平的作用。研究人员普遍认为，在这种新型的反馈方式下，学生面对的是不带感情色彩的机器评语，而不必直接面对老师的负面评语，因此，降低了失败感；学生可以在系统反馈的基础上经数次修改后再提交作文，克服了焦虑和紧张；系统提出建议后，学生可反复修改，直至满意，让学生看到了自己的进步，增强了信心。所以，在线反馈有利于保护学生的写作热情。

（四）提高教师的工作效率

在线反馈提高了教师的工作效率。在线反馈方式节省了教师大量的批改时间，提高了批改效率，把教师从繁重的写作批改任务中解放出来，使他们能够将精力更多地集中到设计教学步骤和改善教学方法上来，保护了教师的教学热情。

参考文献

[1] 周春红 .OBE 教育理念下的大学英语课程教学改革 [J]. 科教文汇（下旬刊），2021（9）：181-182.

[2] 孔标 . 基于慕课的大学英语混合式教学生态模式构建 [J]. 闽南师范大学学报（哲学社会科学版），2021，35（3）：136-142.

[3] 王瑛 . 大学英语教学中跨文化意识的培养路径初探 [J]. 校园英语，2021（39）：25-26.

[4] 莫丽红 . 认知语言学视角下的大学英语词汇教学研究 [J]. 高教学刊，2021，7（27）：84-86；91.

[5] 吴振兰 . 大学英语大班教学中存在的问题及对策 [J]. 湖北开放职业学院学报，2021，34（18）：168-169；172.

[6] 李红菱 . 基于语块的大学英语译写说教学模式研究 [J]. 电大理工，2021（3）：21-24.

[7] 李田田 . 大数据背景下大学生英语写作能力提升探究——评《大数据时代的英语写作教学与研究》[J]. 热带作物学报，2021，42（9）：2767.

[8] 郑雅月 . 同伴反馈在高中英语写作教学中的应用思考 [J]. 英语画刊（高中版），2021（27）：24-25.

[9] 连恬恬 . 基于大数据的高职英语写作教学新模式研究 [J]. 校园英语，2021（38）：68-69.

[10] 邓昊熙 . 教材评价、习作同伴反馈与批判性思维能力培养的教学实践 [J]. 高教学刊，2021，7（24）：86-88；92.

[11] 李莹辰 . 同伴反馈对大学生写作自我效能感的影响探究 [J]. 现代交际，2021（13）：151-153.

[12] 刘瑞 . 在线同伴反馈在大学英语翻译教学中的应用研究 [J]. 校园英语，2021（22）：19-20.

[13] 杜默君 . 基于计算机的动态评价模式同伴反馈有效性研究 [J]. 佳木斯职

业学院学报，2021，37（6）：66-67；70.

[14] 顾芸菘 . 大数据时代的大学英语写作教学改革的思考 [J]. 海外英语，2021（9）：102-103.

[15] 刘俊杰 . 课堂教学教师反馈有效性研究 [D]. 上海师范大学，2021.

[16] 陈航，牛刘伟 . 多元反馈对学生英语书面论述能力的影响——基于在线教学的实践研究 [J]. 开封文化艺术职业学院学报，2021，41（2）：92-93；111.

[17] 牛亚萍，郭婉璐，蔡旻君 . 在线学习评价中的反馈方法应用与反思 [J]. 甘肃高师学报，2020，25（6）：67-71.

[18] 张春梅 . 计算机反馈对网络学习的影响及其作用机制 [D]. 华中师范大学，2017.

[19] 王倩 . 教师反馈和计算机反馈对非英语专业大学生英语写作水平影响的对比研究 [D]. 长安大学，2017.

[20] 王盛，丁翠萍 . 信息化背景下计算机反馈技术在英语写作中的应用 [J]. 文教资料，2016（33）：181-182.

[21] 文卫霞，杨燕 . 英语写作中结合同伴反馈与教师反馈的动态评估模式效果研究 [J]. 外语测试与教学，2016（4）：43-51.

[22] 赵丹 . 高职英语写作中教师反馈与在线自动反馈的对比研究 [D]. 山东师范大学，2015.

[23] 刘永厚 . 英语专业写作小组同伴反馈和教师反馈效果研究 [J]. 外语界，2015（1）：48-55.

[24] 张彩霞 . 输入输出理论在大学英语教学中的应用（英文）[J]. 商品与质量，2011（S2）：207.

[25] 段阳阳 . 多元智能理论下大学英语学习后进生课堂教学策略 [J]. 科技信息，2011（1）：623；597.

[26] 张悦清，田英涛 . 试论语块理论与大学英语词汇教学——对我校非英语专业大学生英语写作中语块使用问题的分析与建议 [J]. 疯狂英语（教师版），2009（3）：30-33；64.

[27] 周燕萍 . 克拉申的输入理论与大学英语听力教学 [J]. 科技信息，2009（3）：599；617.

[28] 郑卫政，李亚民 . 多元智能理论在大学英语精读教学中的应用 [J]. 科技信息，2008（35）：260-261.

[29] 李文英 . 试论图式理论对大学英语听力教学的启示——一项基于图式理

论的实证研究 [J]. 外国语言文学，2005（3）：178-181.

[30] 金国臣 . 多媒体环境下互动式教学理论在大学英语教学中应用的探索与思考 [J]. 西安外国语学院学报，2005（2）：60-64.